管好自己 我可以

奕菲 ◎ 编著

中国纺织出版社有限公司

内 容 提 要

任何一个人，要想追求卓越和成功，都必须要有很强的自我管理能力，它是成功和幸福的助力、保障，可以说，不懂得自我管理的人就没有竞争力！

本书从青少年的自我管理角度入手，给出了青少年全面提升自我管理能力有效方法，进而帮你提升自觉性、主动性，帮你找到人生方向，相信阅读完本书，你的自律能力、意志力、效率都将得到进一步的锻炼和提高。

图书在版编目（CIP）数据

管好自己我可以 / 奕菲编著. --北京：中国纺织出版社有限公司，2021.4
ISBN 978-7-5180-8159-2

Ⅰ.①管… Ⅱ.①奕… Ⅲ.①自我管理—青少年读物 Ⅳ.①C912.1-49

中国版本图书馆CIP数据核字（2020）第216868号

责任编辑：江　飞　　责任校对：高　涵　　责任印制：储志伟

中国纺织出版社有限公司出版发行
地址：北京市朝阳区百子湾东里A407号楼　邮政编码：100124
销售电话：010—67004422　传真：010—87155801
http://www.c-textilep.com
中国纺织出版社天猫旗舰店
官方微博http://weibo.com/2119887771
三河市宏盛印务有限公司印刷　各地新华书店经销
2021年4月第1版第1次印刷
开本：880×1230　1/32　印张：7
字数：108千字　定价：39.80元

凡购本书，如有缺页、倒页、脱页，由本社图书营销中心调换

前言

古人云："天将降大任于斯人也，必先苦其心志，劳其筋骨，饿其体肤，空乏其身，行拂乱其所为，所以动心忍性，增益其所不能。"那些成大事者，都有"动心忍性"的自律能力，使其能守得云开见月明。自律就是自我管理、自我控制；所谓自我管理，可以视为与自我的关系管理，就是指个体对自己本身，对自己的目标、思想、心理和行为等表现进行的管理，自己把自己组织起来，自己管理自己，自己约束自己，自己激励自己，自己管理自己的事务，最终实现自我奋斗目标的一个过程。

金无足赤，人无完人，人最大的敌人是自己。只有能够战胜自我的人，才是真正的强者。同时，自我管理能力对尚未成熟的青少年也显得尤为重要。在你们的学习和生活中，自我管理能力在很多方面都发挥着巨大的作用：它能督促自己去完成应当完成的任务；能抑制自己的不良行为，如贪婪、懒惰；能缓解不良情绪，如冲动、愤怒、消极；能抵御外界形形色色的诱惑，等等。相反，如果没有自我控制，不良的行为和情绪就会反过来控制我们，我们将失去意志力、信心、执着和乐观，失去获得成功的机会，甚至会偏离人生的方向，误入歧途。

谁都不能否认一个事实，那些有所成就者，都有着超强的自我管理能力，他们积极主动、热爱学习、勤奋惜时，他们坚强独立、不畏艰难，他们有着更强的意志力，也更容易成功。

而生活中，很多人之所以消极被动、随波逐流，乃至做出那些让自己后悔的事，归结起来，大多是因为自制力薄弱，抵挡不住诱惑、缺乏自我股那里能力，任何一个青少年朋友，要培养坚定的自我管理能力，首先要认识到自我管理的重要性，然后才能自觉地培养。只有坚决地约束自己、战胜自己，最终才能战胜困难，取得成功。

那么，现在你是否需要一名行为指导老师？是否需要一本在自我管理时间方面有建设性意义的读本？

这就是我们编写本书的初衷，这是一本让父母放心、让老师省心、让同龄读者更加开心的自我成长读物，本书带领广大青少年朋友逐步探索如何实现自我负责、自我管理，使广大青少年朋友获得可操作、可实施的借鉴和启迪。

编著者
2020年10月

目录

上篇　向哈佛人看齐

第1章　一日之计在于晨，抓紧时间孜孜不倦地学习　‖002

　　一日之计在于晨，别赖床　‖002
　　尽早立志，然后不懈地为之努力　‖006
　　每个青少年都要明确自己的学习动机　‖009
　　青少年激发求知欲，迅速获得成长　‖013
　　青少年从现在努力，一切还来得及　‖017

第2章　业精于勤，学习并非一日之功　‖022

　　青少年努力学习，但别过度在意分数　‖022
　　青少年要认真听好每一堂课　‖026
　　每个青少年要像哈佛学子一样安排日常学习　‖030
　　端正你的考试心态，获得最佳状态　‖034
　　你要相信，下次你会更好　‖038

第3章　主动学习与探究，别等老师把知识"喂"给你　‖042

　　主动学习，不等老师填鸭式传授知识　‖042
　　青少年要有发现和解决问题的眼光　‖046

　　　　课前多做准备，让你的学习更深入　‖050

　　　　大胆提问，吃透知识　‖054

第4章　实践出真知，精通理论更要付诸实践　‖058

　　　　立即行动，青少年别光想不做　‖058

　　　　脚踏实地，少年的梦想才有实现的可能　‖061

　　　　青少年要靠自己的双手开拓出人生路　‖065

　　　　青少年敢于质疑，打破书本中的条条框框　‖068

中篇　青少年要学习的内在力量

第5章　修炼完美品性，品格是一个人的内在力量　‖074

　　　　诚信是青少年人生中的第一品质　‖074

　　　　善良第一，青少年让善良之花在内心绽放　‖078

　　　　勇于担当，每个青少年都要学会负起责任　‖082

　　　　无论何时，青少年都要信守做人的原则　‖086

　　　　青少年心怀感恩，幸福常伴左右　‖088

第6章　修炼强大内心，青少年面对困难要决不退缩　‖093

　　　　挫折必然定律：没有挫折，就没有进步　‖093

　　　　杜利奥定律：任何挫折都不能熄灭青少年的热情　‖097

　　　　习惯性无助：青少年面对挫折要积极主动　‖100

目录

"下坡容易"定律:每个青少年都要严于律己 ‖104

面对困难和挫折,青少年一定要勇往直前 ‖108

第7章 青少年永远相信自己,信念具有无坚不摧的力量 ‖112

杜根定律:青少年要坚信自信的力量 ‖112

自信心效应:青少年满怀信念,让信念指引脚下的路 ‖116

跳蚤效应:青少年要善于突破自我 ‖120

马蝇效应:青少年适时自我鞭策,才能不断超越 ‖123

第8章 青少年懂得自我调节,让心获得充沛的力量 ‖127

善于管控情绪的少年,绝不做情绪的奴隶 ‖127

换个角度,青少年会发现一切豁然开朗 ‖131

让心静下来,不做焦躁少年 ‖135

抑制你的愤怒,获得平和的心性 ‖138

下篇 青少年成功的砝码

第9章 青少年多开动脑筋,让思维与创意舞动起来 ‖144

开动大脑,每个青少年要善于创新 ‖144

青少年转换思维,你就有了改变一切的力量 ‖147

让思维活跃起来,青少年要致力于培养创造力 ‖151

青少年培养创新意识,实现自我成长和超越 ‖154

青少年要独立思考，别人云亦云 ‖ 158

第10章　机遇面前果断抓住，让青春的心因此飞扬 ‖ 163

青少年慧眼识别，分清机遇和陷阱 ‖ 163
把握机遇，青少年让命运因此改变 ‖ 167
青少年跟上时代步伐，才能抓住机遇 ‖ 171
机遇来临时，青少年一定要积极主动 ‖ 174
青少年坚持下去，让持续产生无穷的力量 ‖ 178

第11章　青少年敢字当头，年轻的心因勇气而强大 ‖ 183

脚下的路再难走，少年跪着也要走完 ‖ 183
82岁毕业的伊丽莎白——一切都为时不晚 ‖ 187
少年心中有信念，就有无穷的力量 ‖ 191
鼓足勇气，大不了置之死地而后生 ‖ 195

第12章　青少年学习合作，借助团队的力量成就自我 ‖ 199

微笑效应：微笑是你交往的第一张名片 ‖ 199
尊重法则：每个青少年要懂得尊重他人 ‖ 203
海格力斯效应：戒除敌意，做心怀善念的少年 ‖ 207
幽默效应：会幽默让你成为受人欢迎的少年 ‖ 211

参考文献　‖ 215

上 篇

向哈佛人看齐

第1章 一日之计在于晨，抓紧时间孜孜不倦地学习

哈佛是世界一流学府，所有学子们向往的殿堂，它如同一面旗帜，是荣誉、知识的殿堂。在哈佛，每一位学子都在受教育的过程中树立远大的理想；同时，也更加踏实地学习。他们深知，在竞争面前，只有提升自己，才是最有利的武器。正所谓，先付出，才杰出。所有的青少年朋友们，你也要以哈佛学子为榜样，要多学习、多吃苦、多研究。唯有如此，你才能练就非凡的技艺。

一日之计在于晨，别赖床

对于哈佛学子而言，他们的学习是不分昼夜的，也是不分地点的，这就是他们成功的不二法则。

哈佛是每个学子心中最高的殿堂，它是世界一流的学府。从哈佛成立到现在，它培养了很多名人，其中就包括8位美国总统、40位诺贝尔奖得主、30位普利策奖得主以及各行各业的精英。然而，哈佛学子之所以能成为各行业的精英，并不是因为他们是天才，而是因为他们比一般人付出了更多的努力。

在哈佛的课堂上，曾经有位老师这样告诫学生：如果你

想在进入社会后，在任何时候任何场合下都能得心应手并且得到应有的评价，那么你在哈佛的学习期间，就没有晒太阳的时间。在哈佛也流传着这样一句训言：此刻打盹，你将做梦；而此刻学习，你将圆梦。的确，任何一个哈佛人的成功，无外乎一个原因——努力学习。

青少年朋友们，当凌晨四点半的时候，你在做什么？是在黑暗的卧室里沉睡、做着美梦，还是已经在灯火通明的自习室里开始一天的学习？也许大多数人的回答是前者，你也许会认为："才四点半而已，何必把自己弄得那么紧张？"然而，如果你走在哈佛校园里，你会发现，无论是阅览室、还是自习室，乃至于河边的路灯下，都可能坐满了在静静看书或晨读的学子们。即使到了深夜，这些学生们也会继续留在图书馆和自习室看书、学习，整个哈佛校园就是一座"不夜城"。

和一般的学校相比，哈佛的学子们有着更强的学习压力。在哈佛，本科生每学期至少要选修4门课，一年是8门课，也就是说，4年内，他们必须修完32门学科才能顺利毕业。除此之外，他们在课后还需要完成大量的作业，比如，课后他们要花很多时间复习，巩固课堂上所学的知识；在上课之前，他们也要看很多的书，为上课做准备，因为在哈佛，你只有做好最充分的准备，才能融入课堂的教学中。

到了吃饭时间，如果你走进哈佛的学生餐厅，你会大吃一惊，因为你会发现，即使是餐厅，对于他们来说，也是另一个学习的场所。有的学生会端着自己的饭菜、找到自己的座位，然后边看书边做笔记边吃饭。他们很珍惜时间，即使是吃饭时间也不轻易放过。

在哈佛，没有人会懈怠，因为同学之间努力学习的精神会互相感染，互相激励。由于哈佛学生的勤奋努力，在哈佛的校园里，随处可以看到睡觉的学生，甚至在食堂的长椅上也有学生呼呼大睡。而旁边来来往往就餐的人并不觉得稀奇。因为他们知道，这些倒头就睡的学生实在是太累了。

看到这里，青少年朋友们，也许你会明白，为什么哈佛大学能培育出这么多的精英吧。一分耕耘，一分收获，从现在起，你只有努力学习、用自己的双手去创造，才能和哈佛人一样创造出辉煌的人生。

有人说，年轻是资本，但这个资本不是拿来挥霍的，而是拿来珍惜的，拿来充实自己的，只有珍惜每一天的时间去学习，一点一滴地累积成功的资本，你才会问心无愧。事实上，中国人珍惜时间、努力学习的品质，自古有之。

李贺是一位遭遇不幸的天才诗人，但他懂得珍惜有限的生命。

在他很小的时候，就满腔报复，他曾经作诗明志："少年心事当那云。"（《致酒行》）他酷爱读书，勤于写作，就连出门骑在驴背上的时候，也经常见他思考。母亲曾十分心疼地责备他："你一定要把心血呕出来才罢休吗？"

当时，和他同龄的一些纨绔子弟，整日花天酒地、不思进取，为此，看不惯这些的李贺便作诗劝诫，诗中写道：

少年安得长少年，海波尚能变桑田。

荣枯递传急如箭，天公不肯于公偏。

莫道韶华镇长在，发白面皱专相待。

李贺惜时如金，醉心创作，他留于后世的二百多首诗作，都是呕心沥血的艺术结晶。

诗人李贺规劝那些少年们不要虚度光阴。他指出："少年安得长少年，海波尚能变桑田。"岁月斗转，光阴似箭，时间对于任何人来说都是公平的，即使现在的你正值青春年华，但它并不是永驻的，因此，你必须趁早学习、努力学习，充实自我。

没有艰辛，便无所获。青少年阶段正是一个人吸收知识、积淀自己的最好时期。任何一个青少年，都要告诫自己：一天之计在于晨，清晨，你也要从温暖的被窝中爬起来。如果你能做到这点，当你养成一种珍惜时间、努力学习的习惯后，就能做到自我突破和自我超越！

哈佛启示

哈佛是一种象征，不仅是最高智慧和最高学府的象征，更是人的意志的象征。每个青少年，都要以哈佛学子为榜样，学习他们在凌晨四点半就努力学习的精神，不给自己任何懈怠的机会，你只有把握现在、充实自我，才能创造出辉煌和灿烂的明天！

尽早立志，然后不懈地为之努力

目标是一切成功的起点。一个人，只有确立了前进的目标，他才会最大可能地发挥自己的潜力。而努力是实现目标的唯一途径，只有不断努力，我们才能检验出自己的创造性，才能锻炼自己，造就自己。

现实生活中，我们每个人都有自己的理想，并渴望成功。而有些人不能成功是因为他们往往空有大志却不肯低下头、弯下腰、静下心来努力学习，不肯从身边的本职工作开始积聚自己的力量。要知道，只有一步一个脚印，才能为成功奠定基础。实际上，这正是当今社会一些青少年们所欠缺的。有些时候，他们会怨天尤人，给自己制订那些虚无缥缈的终极目标。而任何一个成功的哈佛学子，他们的成功都不是一蹴而就的，他们成功的不变因素都是努力学习。

曾经有一位老师在课堂上向他的学生发问："我知道，在你们心中，哈佛大学是最高学府，但你们有设想自己考入这所大学吗？如果你不能进入哈佛，那么，你也要像哈佛大学那3%的毕业生一样对待自己的人生。"接下来，他讲了这样一个关于哈佛毕业生的调查。

这一年，有一群意气风发的年轻人从哈佛毕业了，他们即将迈入新的人生阶段，无论是从学历、智力还是背景上，他们都相差无几。就在他们离开前，他们的教授对他们进行了一项关于人生目标的调查，统计结果显示：在他们当中，27%的人，没有目标；60%的人，目标模糊；10%的人，有清晰但比较短期的目标；3%的人，有清晰而长远的目标。随后，他们便进入社会参加工作、经营人生。

25年后，这位教授再次对这群毕业生进行了跟踪调查，结果他发现，在这些学生中，最初那3%的人大多成了成功人士，他们有的是行业领袖，有的是社会精英，这是因为他们在最初时候就立志并不断朝着一个方向努力；10%的人，他们的短期目标不断地实现，成为各个领域中的专业人士，大都生活在社会的中上层；60%的人，他们安稳地生活与工作，但都没有什么特别的成绩，几乎都生活在社会的中下层；剩下27%的人，他们的生活没有目标，过得很不如意，并且常常抱怨他人，抱怨社会，抱怨这个"不肯给他们机会"的世界。

可能很多人会以为，只要考入了哈佛，就会有光鲜亮丽的人生，其实，那些成功的哈佛人之所以成功，就是因为他们知道自己想要什么，并且会不懈地努力。因此，在哈佛的课堂上，每位老师都会告诉他的学生，人立志，一定要趁早。一个人，没有目标，就像断了线的风筝，不知前方的路该怎么走；一个人，没有目标，就像一艘没有舵的轮船，只能随波逐流。

因此，青少年朋友们，你只有从现在起，树立一个精细、明确的目标并为之努力、奋斗，你才能挖掘出体内所蕴藏的巨大能力，才能最终实现自己的理想。

在哈佛的课堂上，曾讲过这样一个故事：

多年前,有一位穷苦的牧羊人领着两个年幼的儿子以替别人放羊来维持生活。一天他们赶着羊来到一个山坡,这时,一群大雁鸣叫着从他们头顶飞过,并很快消失在远处。牧羊人的小儿子问他的父亲:"爸爸,爸爸,大雁要往哪里飞?""他们要去一个温暖的地方,在那里安家,度过寒冷的冬天。"牧羊人说。他的大儿子眨着眼睛羡慕地说:"要是我们也能像大雁那样飞起来就好了,那我就要飞得比大雁还要高,去天堂,看妈妈是不是在那里。"小儿子也对父亲说:"做个会飞的大雁多好啊,那样就不用放羊了,可以飞到自己想去的地方。"

牧羊人沉默了一下,然后对两个儿子说:"只要你们想,你们也能飞起来。"两个儿子试了试,并没有飞起来。他们用怀疑的眼神瞅着父亲。牧羊人说,让我飞给你们看,于是他飞了两下,也没飞起来。牧羊人肯定地说:"我是因为年纪大了才飞不起来,你们还小,只要不断努力,就一定能飞起来,去想去的地方。"儿子们牢牢地记住了父亲的话,并一直不断努力,等到他们长大以后果然飞起来了,他们发明了飞机,他们就是美国的莱特兄弟。

这个真实的故事再次使我们坚信:一个人年轻时如果在内心中就树立一个目标,并坚持不懈地为之努力,那么,他一定会是一位成功的人。

的确,有理想、有追求、有上进心的人,一定都有一个明确的奋斗目标,他懂得自己活着是为了什么。因而他的所有的努力,从整体上来说都能围绕一个比较长远的目标进行,他知道自己怎样做是正确的、有用的，否则就是做了无用功，或者浪费了时间和生命。显然，成功者总是那些有目标的人，鲜花和荣誉从来不会降临到那些没有目标的人的头上。

可能有些青少年会认为自己年纪尚轻，立志为时尚早，而实际上，一个人只有尽早树立目标，才能尽早付诸行动，才能找到努力的方向。因为目标不会凭空实现，不采取具体行动，就不可能发生任何事情。

哈佛启示

人只有树立了目标，内心的力量和头脑的智慧才会找到方向。目标是对于所期望成就的事业的真正决心。如果一个人没有目标，就只能在人生的旅途上徘徊，永远到不了想去的地方。正如空气和生命的关系一样，目标对于成功也有绝对的必要。如果没有空气，人就不能生存；如果没有目标，没有任何人能成功。

每个青少年都要明确自己的学习动机

当你明白自己为谁而读书，为什么而上学时，你就会有一种向前的驱动力，你就会觉得学习是一种乐趣，也就能克服学习中产生的各种困难。学习积极性提高了，学习效率也就提高了。

哈佛大学前任校长劳伦斯·H.萨默斯曾经在课堂上建议每

一个哈佛学生们每天都问自己一个问题：我为什么要学习？

表面上看，这是一个很简单的问题，实则非常重要，因为一个人，只有具备良好的学习动机，才有强烈的学习欲望。相反，如果一个人没有良好的学习动机，不明白做事的目的，就很难产生强大的内驱力。

所以，对于青少年来说，如果你不明白自己为什么学习、为谁学习，那么，你就看不到学习的必要性，也不会具有学习的动力。

确实，如果我们不明白自己学习的动机，不明白读书的目的，就会把学习当成负担，把读书当成任务。

另外，劳伦斯·H.萨默斯教授在一次关于"学习力"的演讲中，讲了这样一件事：

他的小外孙叫吉文上中学了，暑假里的一天，吉文和他的同学去郊游，当他们玩得正尽兴的时候，其中有个女同学大哭起来，说自己必须要赶回家了。

"天哪，我真该死，居然忘记了时间，我今天的功课还没有做呢。"这位女同学哭着说。

"这不是暑假吗？你怎么还要做功课？"伙伴们问她。

"这是我妈妈给我布置的作业，我要是不按时做完的话，她肯定会揍我的。"这位女同学哭丧着脸说。

青少年朋友们，你是不是也像这个小女孩一样，认为学习、读书是为了父母和老师呢？如果你这样认为，那么，你肯定会觉得读书、学习是一种负担，没有了学习的动力，又怎能学得好呢？的确，有时候，父母是会逼你学习，会剥夺你玩耍的时间，会让你觉得不近人情，但你是否真的知道自己是为了谁而读书呢？我们再来看下面一个初中生的日记：

从小就是妈妈管我学习，所以我一直认为学习就是为了妈妈。记得有一次妈妈对我说做完20道题就可以出去玩儿，说完妈妈就去厨房帮爸爸准备晚饭去了，留下我一个人对付那20道题。好像都是数学应用题，反正挺多的，有三四页。我一看这么多，啥时候才能做完出去玩儿啊！等到做完了天不都黑了吗！于是我灵机一动，计上心来，我先做了前面五道题，正好赶上翻到下一页，我就空着中间的一页题没做，然后把最后的五道题也做了。我合上本子，跑到厨房，跟妈妈说："妈妈我做完了，我出去玩儿啦！"妈妈一听挺高兴，说："这么快，那好，去玩儿吧！"

感觉就玩了一小会儿，天就黑了。我很不情愿地跟我的朋友告别，说好明天还一起玩儿，就回家了。

一到家，我就觉得什么地方不对，只见妈妈沉着脸叫我进屋，问我："题都做完了吗？"我心虚地说："做完了。"妈妈生气了，问："真的吗？"我不敢说话，闷闷地站着。妈妈更生气了，说："你为什么要撒谎？你以为你学习是为了谁？"我还是不说话。只见妈妈一下子冲到桌子面前，呼啦一下把我桌子上的笔、本子和书全都扫到地上，然后气呼呼地转身走了。

我吓坏了，妈妈尽管对我比较严厉，但是从来没有发过这么大的火,就算是她打了我,我也没有这么害怕过,因为每次妈妈打完我还是要最后一个过来哄哄我的。我一个人呆呆地站在那里,不敢动也不敢说话,心想:要是以后妈妈再也不管我学习了可怎么办?屋子里渐渐暗下来,妈妈没有来,也没有别人来叫我去吃饭。

就这样不知道过了多久,我收拾好散落一地的书、本子和笔,鼓足勇气走到妈妈面前,对妈妈说:"妈妈,我错了,我不该骗您,以后我不这样了。"妈妈当然马上就原谅了我。

虽然那次妈妈没有打我,但是真的把我吓坏了,而且从那以后,我再也没有骗过妈妈。但是,学习究竟是为了谁呢?

的确,很多青少年都对自己的现状感到迷茫,不明白自己为谁读书,为谁学习,有的则认为是为父母学习,为了给父母争面子,而这种学习态度直接导致了他们对待学习和生活冷漠,没有热情,对什么都没有兴趣,觉得整个世界都是没有意义的,整个精神状态看起来都无精打采,对什么都不在乎。

其实,你要明白,读书是为了你自己,年幼的时候,可能你不懂得父母为什么要你好好读书,但父母的社会经验告诉你们,在这样一个竞争十分激烈的社会中,没有知识,就等于没有生存的本领,每个人都在用知识为自己的未来打拼。寒窗苦读的过程的确很辛苦,这是一个人立身于世的必经过程。

有了这样的心态,即使你在学习的过程中遇到了很大的压力,让你喘不过气,你也可以选择适当的方式发泄一下。不管怎么样,不要去抱怨父母什么,尽快调整自己的心态,自己的未来在自己的手中，谁也不能替你去主宰。未来，就在眼前，需要你努力加油！

哈佛启示

知识改变命运，任何一个哈佛学子都深知这个道理，所以他们更加明白读书是为了获取知识，为了让自己未来的人生道路走得更平坦。每一个青少年，都要思考一下自己为什么读书、为谁读书，考虑清楚这个问题，相信你也能找到努力学习的动力！

青少年激发求知欲，迅速获得成长

科学研究表明，人一旦对某种活动产生了兴趣和热情，就能提高对这种活动的关注性和参与的积极性。

一直以来，哈佛都是全世界众多学子向往的一流学府，能够在那里学习的学子必定是凤毛麟角，而那些哈佛学子之所以能成才，并不是因为他们比一般人聪颖，而是因为他们有着孜孜不倦的求知精神，求知欲让他们不断成长。

的确，一个人一旦有了求知欲，就能产生学习兴趣和学习激情，就能以饱满的热情学习，学习效率自然也就提高了。

因此，任何一个青少年朋友，都要以哈佛学子为榜样，让求知欲指引自己不断学习。

在哈佛，老师们很注重对学生潜力的挖掘和培养，他们根据学生的兴趣，激发学生求学的热情，指引学生走好自己的人生之路。本·沙哈尔在课堂上经常强调说：通常在越感兴趣的事情里，人就越能发挥自己的天赋，就越能做得持久。同时，兴趣与热情同在，人一旦有了热情，不但动机坚定，连做事效率也会提高。

一个学生问诺贝尔物理学奖得主丁肇中教授为何选择物理时，丁教授这样回答道："人应该按照自己的兴趣行事，所以我选择了物理。"

古今中外许多科学家、发明家取得伟大成就的原因之一，就在于他们对某种活动由浓厚的认识兴趣产生了强烈的求知欲望。

在哈佛的课堂上，学子们曾经听到关于莎士比亚的故事：

在世界文学史上，莎士比亚无人不知、无人不晓，他是英国伟大的戏剧家和诗人，它所创作的《罗密欧与朱丽叶》让无数人动容。他毕生创作了37部戏剧。

莎士比亚在7岁时就开始读书，但他并不喜欢那些古板的祈祷文，而偏爱那些用拉丁文写的历史故事。

每年的五月份是莎士比亚最喜欢的时间，因为每到这时候，就有戏班子演出，莎士比亚是他们的忠实粉丝，他总是如痴如醉地观看每一场演出，直到戏班子离开。

14岁那年，莎士比亚就结束了他的学校生活，出来谋生。他做过很多工作，在父亲的店铺里打工，在码头做货物搬运工，也做过售货员，但他发现，自己对这些工作一点兴趣也没有，这是因为在他的心中，对戏剧的热情一直没有被磨灭。

后来，莎士比亚在戏院找到了一份打杂的工作，他主要的任务是看管那些有钱人的马车和衣帽，在后台为戏剧演员们服务，但就是这样，他已经很开心了，因为他可以直接接触到戏剧了。一有时间，他就看演员们排练，这里成了他的戏剧学校。这里也孕育了一位名垂青史的戏剧大师。

1592年的新年，对于莎士比亚来说是个难忘的日子，他的剧本《亨利六世》在伦敦最大的三家剧场之一——玫瑰剧场上演，莎士比亚的剧作一炮打响了。很快《理查三世》《威尼斯商人》《温莎的风流娘儿们》《哈姆雷特》《奥赛罗》《李尔王》相继上演。悲剧《哈姆雷特》的轰动效应，更使莎士比亚登上了艺术的顶峰。

莎士比亚为什么能在戏剧上取得如此巅峰的成就？可以说，是求知欲推动他不断学习、拼搏和努力，最终，他成就了自己的梦想，达到了人生的辉煌。

的确，求知欲是让我们产生学习兴趣的原动力，有了兴趣，才有无穷的动力使你在某个领域当中越钻越深。有了兴趣，才有勤奋，有了勤奋，才能成就辉煌和成功。

对于青少年朋友来说，也要挖掘自己的求知欲，当然，求知欲的获得来自深刻的自我剖析，一个人，只有看清楚自己的缺点和不足，才能把自我剖析的手术刀滑向心灵的深处，才能对心灵进行一番追问：我的缺点到底在哪里？明天我将如何努力？有一句格言说得很好：一个目光敏锐、见识深刻的人，倘又能承认自己有局限性，那他离完人就不远了。

哈佛大学第22任校长洛厄尔曾经说过："认识自己能够做什么固然重要，但认识自己不能做什么更为重要。"

毕业于哈佛的美国历史上最伟大的总统罗斯福，从小就患有小儿麻痹症，是个瘸子。像这样一个人，他通过比常人更加艰苦努力的奋斗，在美国获得广泛的人心与支持，成为美国历史上唯一一位连任四任的总统，四次实现了孩提时的梦想！

罗斯福虽然有身体方面的缺陷，但却有着奋斗的精神——这种精神仿佛是每个人天生就具有的。事实上，正是因为身体缺陷的存在，才促使他更加努力奋斗。即使他被同学嘲笑，他也没有失去勇气，他喘气的习惯变成了一种坚定的嘶声。他咬紧自己的牙关使嘴唇不颤动从而克服了惧怕心理。

他很清楚地明白自己身上存在的缺陷，他从不自欺欺人，但他并不因为这点退缩、自卑，他告诉自己要做个勇敢的人，他相信，只要自己肯付出努力，就一定能获得成功。

通过长时间的练习，他终于学会了用假声的方法来掩盖自己那无人不知的龅牙。在演讲中，他的声音并不是那么的洪亮，他的姿态也不是那么的威严，甚至可以说，他的辞令也不是惊人的，然而，就在当时，他却是人们眼中最出色、最有力量的演说家之一。

听完罗斯福的故事，青少年朋友们，对你是不是有所启示：一个人，昨天怎么样并不重要，重要的是今天。从今天起，开始挖掘自己的求知欲，并努力学习，你就能实现突破。

哈佛启示

人类拥有巨大的潜能,而这种潜能的激发,在很多时候都来自一种强烈的追求,这就是求知欲。亲爱的青少年朋友,你们也许不可能都到哈佛接受良好的教育,但你们却能有和哈佛毕业生一样的求知欲。具有超强的拼搏精神,你就能做最好的自己!

青少年从现在努力,一切还来得及

一旦有了自己的梦想或者目标,就要立刻着手进行,不要拖延,因为现在就是最好的开始。

我们发现,生活中,总有人感叹:其实我并不喜欢现在的生活,我更想……谈了一大堆的计划,一大堆的梦想。可是,如果问他们为什么没有去实践,他们还会摇摇头说:不行啊,无奈啊,没办法啊,因为来不及了……真的来不及了?既然无力改变又何必总是埋怨? 如果埋怨、不满,又为何不去努力改变?

如果你留心观察一下周围形形色色的人就会发现,那些少数活得快乐的人,并不是因为他们有很多钱,也不是因为他们有更好的房子、工作,而是他们能够真正地为实现梦想而努力,怀着最真诚的心去追求自己想要的东西。

对于任何一个青少年朋友而言,你的人生才刚刚开始,只要你树立自己人生的目标,并为之努力,那么,就没有什么来不及。只要你立即行动、大胆地去实践，而不只是把它当成一个遥不可及的梦想，你就能实现；相反，如果你默默地将梦想藏在心底而不付诸行动的话，到头来你只能感到莫大的遗憾。

诺贝尔经济学奖获得者萨缪尔森教授是哈佛的毕业生，他曾经说过："人们应当首先认定自己有能力实现梦想，其次才是用自己的双手去建造这座理想大厦。"的确，对于青少年朋友，他们总会有这样那样的人生憧憬和理想，如果你能将这些憧憬都抓住，那么，你就能实现理想，你就能取得事业上的成绩，拥有灿烂的人生。然而，生活中，我们看到的多半是那些碌碌无为的人，他们都与自己的梦想渐行渐远，这是为什么呢？因为他们都认为梦想终究是梦想，它是遥不可及的。他们还给自己找很多的理由，比如，我学历不高、竞争太激烈、太冒险了、没有时间、家人不支持我、没有足够的资金、没有这个那个，其实都是缺乏意志力的人为自己找到的冠冕堂皇的借口。别忘了那句最常听到却最容易忽略的话：事在人为。事实上，如果你下定决心行动的话，你就能做到。毕业于哈佛大学的著名文学家爱默生曾经说过："一心向着自己目标前进、行动起来的人，整个世界都给他让路。"所以，有了目标，就要立即行动起来！光说不练，纸上谈兵，拖延应付，只会让目标成为一个梦。

现实中，很多人都有梦想，可是有几个人能不顾一切地去实现它呢？哈佛大学的毕业生索菲娅就做到了。

索菲娅是哈佛大学艺术团的一位歌剧演员。

在一次演讲中，他当着全校师生的面提及自己的梦想——毕业以后先去欧洲进行为期一年的旅游，然后，他要去纽约的百老汇闯出一片天地。

就在她结束演讲的这天下午，她的心理学老师找到她，然后对她说："我听说你想去百老汇，那么，你今天去百老汇跟毕业后去有什么差别？"

老师的话点醒了索菲娅，她仔细一想："是呀，大学并不一定能为自己争取到去百老汇的机会。"于是，索菲娅决定一年以后就去百老汇闯荡。

这时，老师又问她："你今天去跟一年以后去有什么不同？"

索菲娅一想，的确如此，接下来，她告诉老师自己决定下学期就出发。

老师紧追不舍地问："你下学期去跟今天去，有什么不一样？"是啊，老师说得对，接下来，索菲娅有些眩晕了，她仿佛现在已经置身于百老汇那金碧辉煌的舞台上了……她说，我决定下个月就去。

老师乘胜追击问道："那一个月以后去和今天去又有什么不同呢？"

索菲娅的心情很激动，她说："好，我准备一下，一个星期以后就出发。"

老师步步紧逼："百老汇什么买不到？那些生活用品更是到处都是。那你要一个星期的时间准备什么呢？"

索菲娅激动地说道："好，我明天就去。"老师赞许地点点头，说："我已经帮你预订好明天的机票了。"

第二天，索菲娅就坐飞机来到了全世界艺术的最高殿堂——美国百老汇。

这天，百老汇一位著名的制片人正在筹备一部经典剧目，很多艺术家都前去应征主角，按照步骤，他需要先从这些应征者中挑选出10位候选人。索菲娅得知这个消息后，并不是花时间去为自己置办行头，也没有去学习如何打扮自己，而是先从一位化妆师那里要到了剧本。接下来的两天时间里，她把自己关在出租屋里自编自演。

面试这天终于到了，索菲娅有点紧张，但稍做深呼吸之后，她给自己打足了气，当制片人问及她的表演经历时，她笑了笑，然后说："我可以给您表演一段原来在学校排演的剧目吗？就一分钟。"制片人首肯了，他不愿让这个热爱艺术的青年失望。

索菲娅表演的正是制片人要排演的剧目，制片人惊呆了，因为眼前这位姑娘的表演实在太棒了。他马上通知工作人员结束面试，主角非索菲娅莫属。就这样，索菲娅来到纽约没几天就顺利地进入了百老汇，开始了她灿烂的艺术人生。

听完索菲娅的故事，青少年朋友，你是否有所启示？的确，成功的人与那些蹉跎人生的人的最大区别就是——行动！如果你能追溯那些成功人士的奋斗之路，你就会感叹："难怪他会做得这么好！"怎么样的行动才能获得最大的成功呢？是马上行动！生活中的你们，不要再感叹时光荏苒了，从现在起，立即行动吧，下一刻也许就是成功！

如果你梦想成为知识专家，那就立刻看看自己适合于研究什么专业，立刻分析现在社会的前沿信息是什么，立刻专心于读书学习，立刻开始选书目、定方向、写笔记，立刻开始阅读，不要拖延时间；如果梦想成为政治家，那就立刻学会演讲、学会写作、学会协调，立刻研究社会、研究管理……

哈佛启示

哈佛学子的成功告诉所有青少年朋友，"想到就立即做"是一种习惯，是一种做事的态度，也是每一个成功者共有的特质。无论做什么事，一旦拖延，你就会无限制地拖延下去，而一旦你开始行动，事情就会向好的方向转化。

第2章　业精于勤，学习并非一日之功

所有参观过哈佛的人大致都有一个感受：哈佛的学生很辛苦。他们总是利用一切可以利用的时间学习。因为他们深知，学习是一个长期的需要做到点滴积累的过程。任何一个青少年，都要以哈佛人为榜样，并树立良好的学习态度和学习方法，只有这样，你才能取得良好的学习效果。

青少年努力学习，但别过度在意分数

每天进步一点点，看似没有冲天的气魄，没有诱人的硕果，没有轰动的声势，可事实上，却体现了学习过程中一种求真务实的态度，每天进步一点点，是实现完美人生的最佳路径。

我们都知道，学习是学生的天职，每个学生都对自己的学习成绩尤其是考试分数很在意，很多时候，成绩似乎是学生的面子。其实，真正的成绩并不是最后考卷上的分数，而是在努力过程中汲取的知识，考试成绩也只是检验学习效果的一种手段。因此，任何一个青少年，都不能为了所谓的分数而学习，而更应该重视努力学习的过程，并告诫自己，每天进步一点点，不断积累知识，就能实现自我突破。

哈佛的学生明白："成功不是一蹴而就的，如果我们每天都能让自己进步一点点——哪怕是1%的进步,那么还有什么能阻挡得了我们最终走向成功呢?"的确,无论是学习还是追求成功,水滴就能石穿,每天进步一点点,并不是很大的目标,也并不难实现。也许昨天,你通过努力学习获得了可喜的成绩,但今天你需要学会超越,超越昨天的你,你才能更加进步,更加充实。人生的每一天都应该充满新鲜。

1985年,在美国的职业篮球联赛中,洛杉矶湖人队因为队员们出色的球技,拿下冠军已经是手到擒来之事,但在最后决赛时,因为各方面的原因,湖人队却输给了波士顿凯尔特人队,这让所有的球员和教练派特·雷利感到十分沮丧。

派特·雷利是一名金牌教练,他不会眼看着这些球员继续停留在沮丧中,为了鼓励大家重振旗鼓,他说道:"从今天开始,我们能不能各个方面都进步一点点,罚篮进步一点点,传球进步一点点,抢断进步一点点,篮板进步一点点,远投进步一点点,每个方面都能进步一点点?"球员不假思索地答应了他的要求。

接下来,派特·雷利带领球员们进行了为期一年的训练,这一年内,所有球员始终抱着让自己"进步一点点"的精神,不断地提高自己的球技。

就在第二年,也就是1986年的美国职业篮球联赛中,湖人队轻轻松松地夺得了冠军。

派特·雷利在庆功时,对所有球员们说:"我们今天之所以能成功,绝非偶然,当初,我说我们要做到每天进步一点点,是啊,我们一共有12位球员,有5个技术环节,每个环节我们进步1%，所以一个球员进步了5%，全队就进步了60%，在球技上处于巅峰的湖人队，提升了60%，甚至更高，所以我们获得出人意料的成绩是理所当然的。"

看完湖人队取得成功的故事，青少年朋友们，你应该有所启示，只要你每天进步一点点就已经足够，因为成绩并不是最后那张考卷上的分数，"不进则退"，只要是在前进，无论前进多么小都无妨，但一定要比昨天前进一点点。人生也必须每天持续小小的努力，才能有所成就。

的确，对于学习阶段的你们来说，考试成绩也十分重要，在校园里就流行这样几句话："考考，老师的法宝；分分，学生的命根""学生学习的动力是什么，老师教学的方法是什么？""学生，最关心的就是分数，老师最关心的也就是考试"，这些流行语也形象地反映了分数的重要性。升大学要考试，要凭分数来录取你。考个高分，就能上个名牌大学。考不好，即使是差0.1分，你也名落孙山。所以，很多青少年急功近利地只要分数。只要考试成绩好，一切就万事大吉，甚至有些学生，平时不努力，到考试时投机取巧、走捷径，他们忽视了真正的成绩其实是在学习过程中获得的。

在对待学习上，哈佛学生的态度是：每天都有点滴的进步，不仅能让自己的内在潜能得以充分发挥，也能积累成功的资本。

的确，不仅是学习，做任何事，成功就是每天进步一点点——只要我今天比昨天进步一点点，明天能比今天进步一点点，这样的过程就是成功。

我们不妨再来看下面一个故事：

每年的下半年，学校都会举行一次学生最佳优秀奖的颁奖活动，结果，成绩并不怎么样的王佳佳被选上了，很多同学不解：为什么王佳佳会被选上呢？

后来，班主任老师就这一事在班上进行了一次公开讲演："我知道，班上很多成绩好的同学会认为，凭什么让王佳佳拿这个奖，她成绩又不是最好的，可是，同学们，你们看到了王佳佳的进步了吗？去年这时候，他每次考试都不及格，这个学期，他总是来得最早，教室里第一个读书的就是他，放学后，他还会来找我请教问题，另外，这学期组织的几次会考中，王佳佳每次都有进步，他的学习态度非常好，每次交上来的作业也非常工整……"老师说完这些以后，班上鸦雀无声。

班主任接着讲："我们不能以分数论英雄，学习成绩好固然好，但我们更注重每个学生的进步，因为学习知识是一项长期的过程，需要你们做到持之以恒……"

的确，考试只是检验学习情况的一种手段，是一项比较单一的检测，这基本上是对书本知识的抽查。分数永远只是个形式和手段。它不能证明你真正学到了多少知识，更不是衡量成绩的唯一标准。

哈佛启示

青少年朋友们，在学习的过程中，你不要只盯分数，而要看学习效果，因为真正的成绩是点滴的进步，只要你坚持学习，每天进步一点点，做到从小成功到大成功的积累，你就会不断积累信心，就能实现最终的突破。

青少年要认真听好每一堂课

听课是学习过程的核心环节，是学会和掌握知识的主要途径。对于每一个青少年来说，在课堂上集中精力听好每一堂课，是学习好功课的关键。

我们都知道，青少年的学习生涯基本上都是在课堂上度过的，能否把握好每节课的45分钟，直接关系到你学习效果的好坏。如果你在课堂上能基本掌握所学的基础知识和技能，课后复习和做作业都不会发生困难；如果上课时不注意听讲，没听懂老师所传授的知识，那么，即使是原本只需要几分钟就能搞懂的问题，你可能需要花上几倍的时间才能补上。

事实上，任何一个成功的哈佛人都是勤奋的，他们很注重课后复习，但他们更明白课堂学习的重要性。因此，他们会为每一节课做好准备，也会在课堂上全力以赴。

课前，他们会做大量的准备。当每个学生都认真准备了，才可以快速推进课堂讨论的进程，而之前如果没做准备，他将无法参加到课堂讨论之中。

哈佛学生的学习压力也来自学校的淘汰机制。在每堂课上，大家都要被记录发言成绩，这一成绩平均占到总成绩的50%，这就要求学生均匀用力、不能放松。

那么，青少年朋友们，你是个认真听课的学生吗？有句老话说得好："台上一分钟，台下十年功"，但对于学习，却不是如此，如果你认为上课可以不听讲，课后再恶补就可以，那么你就错了。上课听讲尤其是有效率的听讲，才是提高成绩的引擎。有的同学总是喜欢自学，上课不认真听讲，往往导致事倍功半，成绩无法提高。

孙玲和周涵涵是同桌，巧的是，她们还是邻居。因此，对于孙玲来说，她是"近水楼台先得月"。小学的时候，孙玲的学习成绩不怎么样，但初中以后，和学习委员周涵涵成了同桌后的她也铆足了劲儿学习。其实，在学习过程中，她并没有怎么请教周涵涵，她只是对周涵涵的听课笔记"研究"得比较透彻，基本上每天放学回家之后，她都会去周涵涵家借笔记，这已经成了她的一种生活习惯。

"妈，今天该轮到你帮我跟周涵涵借笔记了吧！"孙玲对在厨房炒菜的妈妈说。

"学习的事儿你怎么老来麻烦我啊？"妈妈开玩笑说。

"我这不是不好意思了吗，天天跟涵涵借笔记，她会不会烦我了呢？"

"这我可不知道，我看你呀；还是自己上课好好听，做好自己的笔记，不懂的再去问老师，这样，就不用跟涵涵借笔记了呀。"

"是啊，我也觉得自己的学习方法不对，我花的时间比涵涵多，每天回来还研究她的笔记，考的却没她好，就是因为我没有利用好课堂时间吧……"

"是啊，课堂时间才是最有效的学习时间啊。"

故事中的孙玲为什么总是找同桌周涵涵借笔记呢？因为她没有把握好课堂的听课时间。实际上，课堂教学是教学过程中最基本的环节。对于青少年阶段的你来说，学习科目的增加、单科学习时间的减少，无疑都导致你只有抓住课堂有效地学习，才是提高学习效率的关键。

当然，正确的学习方法除了把握好课堂时间以外还有很多。但无论如何，把握好课堂时间都是极为重要的。生活中，我们也发现，一些青少年，因为学习成绩不好，不得不让父母为自己报各种补习班，以为这样就能查缺补漏、提高成绩，但实际上，我们也发现，那些在课后"恶补"的学生并不都取得了自己理想的成绩。这是为什么呢？其实，还是方法的问题。

那么，具体来说，你该如何做到把握好每一堂课呢？

第一，做好预习复习、专心听讲、记好笔记等。

老师的授课是相当关键的，他给予学生的是经过筛选后的精华知识，并且有着很强的指导和启发意义。

人们都说"好记性比不上烂笔头"，足见笔记的重要性。青少年应养成勤记善记的好习惯。笔记可记：老师反复强调的；相似知识的对比；课文内容与现实相联系的时政知识点；分散知识的归纳综合等。

同时，记笔记还要"记得精练"。所谓"记得精练"，指的是笔记的内容要有选择，有所取舍。老师讲课内容多，有的知识已经学过，有的是书本提示，有的是注释中明白写着的，这些就不必记了。你不熟悉的、重要的，一定要记下来，不好理解的、有疑问的，可以在书上做个记号，便于课后思考或者问老师。

有很多学生认为，要想学习成绩好，就要做到专心听讲、做好笔记、认真完成老师布置的作业，其实这还不够，重要的还有预习，也就是说，在老师上课前，你要提前学习，要尽量运用你已经获得的知识和方法去主动地解决自己能解决的问题，把不懂的问题记下来，并在课上和老师、同学们一起讨论，这样，你对问题的印象才会深刻，也能增强自己独立解决问题的能力。

当然，课下练习也十分重要。这样不仅学习效果好，而且培养了自己的学习能力。同时，练习也是必不可少的，并且要有一定的量，要通过听课和一系列同步练习或专题练习，将基础知识和基本阅读及写作技巧牢牢掌握。

第二，学会做课堂的主人，而非被动式地接受课堂知识。

最有效的听课方式是积极主动的，你只有发挥在课堂上的主动精神，才会大胆提问，大胆发表看法，积极参加讨论。因此，正确的听课的做法是：

带着问题上课。如果你带着一些未解决的问题进入课堂，就保持着较强烈的求知欲。此时，你会集中精力听教师讲重

管好自己我可以

点、难点和要点。

紧抓老师思路，学生听讲要注意教师讲课中的逻辑性。如果听时遇到某一问题没听懂可迅速记下来，此时不必死钻"牛角尖"，还要顺着教师的讲解去听，那个问题可事后思考或提问。

哈佛启示

中学时代，听课是获得知识的基本途径。听好课是学习的基础，是取得好成绩的根本；如果你能做到认真听讲，做好笔记，你就能不断提高学习效率。当然，听课的方法很多，因人而异，只要有利于提高听课效率的方法，就是最佳方法。

每个青少年要像哈佛学子一样安排日常学习

学习是一个长期的过程，需要青少年朋友们珍惜一点一滴的时间，并学会合理支配时间，从而形成一种能力，这样，你才会掌握学习的主动性，从而高效地学习，最终你会受用一生。

我们都知道，很多青少年在智力上并没有太大的差别，但学习效果却有很大的不同，这是为什么呢？其中一个很重要的原因就是他们对待时间的态度和方法不同。学习成绩优异者更重视时间，也能比较合理地支配时间，而那些学习成绩差的人则时间观念比较差，或不懂得如何安排自己的学习时间。对此，我们不妨看看青少年们敬仰的哈佛人是如何学习的。

在哈佛，教授们会时常提醒学生们要做好时间管理。的确，如果你不能做到珍惜时间学习，那么，当你停滞不前时，别人就超过了你。所以，你不能停步，你要不断向前，不断超越。要知道，任何一个成功者，都是抛弃了安逸，选择了奋斗。今天不努力，明天必定遭罪。哈佛告诉它的学生："学习时的痛苦是暂时的，未学到的痛苦是终生的。"

哈佛的博士生，可能每三天要啃下一本大书，每本几百页，还要交上阅读报告。哈佛过桥便是波士顿，前人类学系主任张光直在哈佛读博士那几年，没有上过桥，没有去过波士顿。

看完哈佛人的学习情况后，青少年朋友们，你应该能了解他们为什么能出类拔萃了吧。那么，你是不是也应该抓紧时间学习呢？当然，要抓紧时间学习，你首先要学会合理支配时间。

彤彤有个表哥叫王晓峰，虽说是表哥，但和彤彤同岁，和彤彤同一年进初中。在小升初考试结束后没有多久，周围的孩子们还在畅享这个悠长假期时，他就已经在他当教师的父母的指导下开始新学年的准备工作了，其中，重要的一项就是培养自己支配时间的能力，毕竟，进入初中后，学习任务会加重，只有安排好自己的时间，才能既学得好，又学得轻松。下面是他的暑假日记：

"我的理想是和妈妈一样当一个英语老师。于是，我决定在英语上稍微多花些时间。妈妈给我选报了初一英语暑假辅导班，提前适应中学英语的教学方式和学习内容。当然，我同时也参加了语文数学课程的学习。除了学习外，我还爱体育运动，尤其是篮球。但是放假以后，我只能利用傍晚的一点时间，在楼下的训练场里和爸爸对练一下。为了让我有更多的机会锻炼身体，妈妈还安排我每天早上到小区的游泳馆里面游一个小时。她说，有个好身体，才能应付中学繁重的学习压力。游泳锻炼收效不错，因为最近打篮球，肺活量大增，跟爸爸比赛，总是轻松坚持到最后，那都是游泳的功劳啊！总之呢，我的暑假是充实的，进入初中以后，我也会合理支配自己的时间！"

正如这个男孩所说，他的暑假是充实的。的确，任何人，只有在自己的时间被充分利用而不被浪费的情况下，生活才是充实的，做事才是有效率的。对于青少年来说，你们在中学阶段课程比较多，要求也比以前高得多，这个时候你面临的学习任务比以前重得多，这就面临一个问题：怎样提高学习效率。

但事实上，很多青少年时间观念并不强，还是希望自己的生活和学习被老师和家长安排得妥妥当当。长此以往，他们会形成一种依赖心理，而这对于你的身心发展都是极为不利的。为此，你有必要从现在开始学会合理安排自己的时间。

首先，你需要认识到时间的重要性。

对于这一点，你可以从生活节律着手，可以在日常生活中，通过睡觉、吃饭等各种活动，利用生物性节奏，培养良好的生活节律。比如，你可以为自己制订一份家庭作息表，如早晨6点半起床，7点半准时出门……晚上8点前上床睡觉，保证自己晚上有10个小时的睡眠时间并持之以恒，逐渐培养一种守时惜时的习惯,那么时间意识、时间观念的培养自然是水到渠成。

其次,学会珍惜学习时间。

学习知识的过程本身就是一个领会—巩固—应用的过程,在这个过程中,听课就是领会的过程,不能领会就谈不上巩固和应用,就必须"重新学习",白白浪费不应该浪费的时间,而且往往事倍功半。这种学习我们认为是"捡了芝麻丢了西瓜"。这种情况的出现,很多时候是因为你认识不到课堂时间的宝贵,认识不到上课时间的相对价值。

另外,还有一些青少年虽然形成了认真听课的习惯,但不重视自习课的时间。自习课看小说、玩耍,这样的习惯干扰了对知识的巩固过程。对知识的巩固必须及时,趁热打铁,否则就会迅速忘掉。还有的青少年珍惜上课、自习课时间,却浪费课余、课外时间,不重视知识的应用。知识的应用有课业练习、社会实践等。由于许多课余时间被浪费掉,课业练习达不到熟练的程度,也没能将所学的知识应用于实际生活中。这样的学习兴趣不浓,上进心不强,学习成绩依旧得不到提高。对于这些方面,都有必要针对性地去克服。

最后,要学会调节身心。

一些医学专家通过大量观察证明:一个正常人的体温一天中有3次变化,因而人在上午和午夜头脑较灵活,下午处于瞌睡状态,下午6点到8点之间人体温度峰值过后,很多人感到疲劳,学习效率低下。因此,你要学会利用效率高的时间段学习较难的知识,在"低潮"时,用来看看课外书或处理其他事情。

管好自己我可以

哈佛启示

作为青少年，你要向哈佛学子们学习，"一寸光阴一寸金，寸金难买寸光阴"，从小培养自己的时间意识，能帮助你学会珍惜时间和管理时间，从而真正成为时间的主人。

端正你的考试心态，获得最佳状态

每个青少年都必须面对各种各样的考试。你只有做到努力在平时，做好点滴的积累，才能避免因为准备不充分而导致的考试紧张，也才能做到厚积薄发。

我们都知道，每个青少年都不可避免地要面对各种各样的考试，在考试面前，大部分学生都有一定的紧张心理，也有一些学生因为平时不努力而抱着临时抱佛脚的心态。其实，这些心态都是导致他们考不好的一大主要原因。相反，那些注重平时积累、在考试前做到了有针对性复习的学生多半都能做到"以不变应万变"，最终获得他们理想的成绩。的确，其实考试最终还是要靠自己的综合实力，绝不是靠碰巧就能获得成功的，因此，在考试中抱有投机心理，是绝不会取得好成绩的。

正像哈佛人所提醒的那样：现在流的口水，将成为明天的眼泪。今天不努力，明天必定遭罪。在哈佛大学，每个学生的考试压力都很大，他们每学期至少要选修4门主要课程，一年是8门课,4年之内修满32门课并通过考试才可以毕业。一般而言,学校都要求本科生在入校后的头两年内完成核心课程的学习,第三年开始进入主修专业课程的学习。因此,他们不得不抓紧所有的时间学习。正是因为有着充足的准备,在考试时,他们多半都能做到从容应付。

在哈佛,曾经有个叫查尔斯的学生,毕业后,他就职于纽约的一家软件公司,但他依然保留着在哈佛读书时的好习惯。

不久前,查尔斯所在的公司被一家法国大公司兼并了,公司新总裁告诉大家:"新公司要有新风貌,我不会随意裁员,但毕竟这是一家法国公司,如果你的法语太差,那对不起,我只能请你离开了。就在这周末,公司将会举行一场法语考试,只有考试及格的人才可以继续留在公司。"

散会后,几乎所有的人都涌向了图书馆,他们决定要恶补法语,否则,他们将会被判离开,但查尔斯却像个没事儿人似的,他还和平常一样下班后就回家了。同事们都认为查尔斯肯定是放弃这次考试机会了,因为查尔斯毕竟是哈佛毕业的,再者,他已经积累了几年的管理经验,他要想找一份很好的工作并不难。

然而,最终的考试结果却让大家感到很意外,查尔斯这个被大家看作已经放弃了的人居然拿到了最高分。事后,大家提及这件事,查尔斯才道出自己学习法语的来由。在毕业后,他就来到这家公司,在工作中,他发现自己经常需要与法国人打交道,而不会法语的他感到很吃力,于是,他便开始自学法语。

035

他利用可利用的一切时间，每天坚持学习，最终学有所获。

有个学习优异的初中生是这样学习的：

这名学生很聪明，平时老师和同学们都觉得他不爱说话，在课堂上的表现也不是很活跃，但每到考试成绩公布时，他的成绩总会令老师和同学们惊讶，尤其是那些文科的科目。

在一次班会中，老师让他与同学们分享学习的经验，至此，大家才明白他成绩优秀的原因。

他的学习方法是这样的：老师每讲完一节课，晚上他就会把老师所讲的内容复习一遍，并且每隔三四天，他又会把前面的内容大致复习一遍。由于复习及时，考试之前，他不用再像其他同学那样"开夜车""临时抱佛脚"，也就能很轻易地取得好成绩了。

的确，我们不难发现，很多青少年朋友在学习的时候，常常用"临时抱佛脚"的方法学习，即明天就要考试了或者离考试时间不远了，他们对自己没有学好的科目进行突击学习。诚然，我们必须承认这种方法偶尔会帮你应付了考试。但实质上，这种方法并不能使你真正掌握知识。相信你也有这样的经验，一旦考试结束，你"临时抱佛脚"学来的知识立即又忘光了。其实，这种现象很正常，因为人的记忆规律显示，这种记忆只是临时记忆，过不了多久，它就会消失。所以，这种"临时抱佛脚"式的学习方法并不是科学的学习方法。

因此，要想真正考好，你就要有好的考试心态，这就需要你注重平时的积累。当然，除此之外，你最好还要掌握一些消除考试紧张心理的方法。

第一，建立成功的自我意象。

美国的著名心理学家爱默生认为："生动地把自己想象成失败者，这就使你不能取胜；生动地把自己想象成胜利者，将带来无法估量的成功。"要想取得考试的成功，就必须在内心确立成功的自我意象。因此，在考试前，你完全不必为考试承担多大的心理压力，尽量放松自己，心里想象着自己已经取得了好的成绩，然后让这一份好的心态带你进入考试，相信你会获得好成绩。

第二，调整心态，沉着应考。

在考试前，你可以做几次放松自己的训练，比如，你可以做几次深呼吸，然后暗示自己："我的状态不错，应该取得好成绩。"在考前几分钟应该自己安静独处，不要再和别人讨论知识上的问题，以免破坏自己胸有成竹的感觉。

第三，调整睡眠，不要"开夜车"。

一般晚上11点左右，就应该做睡眠的准备了。人如果睡眠不足，就容易烦躁，思维速度跟不上。上课迷糊，注意力不集中，想努力听讲，可一会儿就走神。考生应该清楚每天能做多少事，然后集中最好的状态来做。人的精力都是有限的，休息是为了更好地学习。

当然除了睡觉外，运动、听音乐、聊聊天、翻翻杂志、看看电视，都是自我放松和休息的方式。

运动减压是很好的放松方式，像散步、打球等对缓解紧张情绪都很有帮助。此外，轻柔的音乐也可以让人缓解和释放压力。

哈佛启示

机遇和成功总是留给那些做足准备的人，考试也是如此。和哈佛学子一样，平时珍惜点滴的学习时间、做好积累，你就能从容面对各种考试，就能取得好成绩。

你要相信，下次你会更好

没有最好，只有更好。不要放松自己前进的步伐，因为我们明白，我们永远是在逆水行舟，不进则退。

我们都知道，现代社会对人才的要求越来越高。任何一个青少年，都必须要有不断学习和不断进步的意识，即使你已经是一个品学兼优的学生，你也不能骄傲自满。青少年们敬仰的哈佛学子们每次取得成就之后，都会在心中告诉自己，这还不是最棒的，还有下一次，下一次一定会做得更好！

在哈佛，有位著名的老师，他的名字叫沙尔，他曾经为学生们上过一次公开课，课堂开始时，他就说："我希望你们记住：最好的，在下一次。"接下来，沙尔教授对他的学生们说："同学们，你需要明白的是，现在你取得这点成就是微不足道的，也许你从同学们中间考入了哈佛，你认为自己是最优秀的了，但你和现在的同学相比呢，退一步说，也许你现在还是最优秀的，但和其他人比呢？诚然，取得成绩应该为此高兴，这表明你进步了，但你依然需要时刻记住，自己还能做得更好！这样，才能更快地向理想靠近。"

其实，哈佛人之所以优秀，也就是因为他们能做到不断超越，从不自满。这一点，值得所有青少年学习。在众多成功的哈佛人中，有个叫雷石东的人，他是很多哈佛学子的榜样。这位哈佛学子同样入围了2008年美国知名财经杂志《福布斯》评选的哈佛大学毕业的亿万富翁。

他在很小的时候，就表现出了其他人所没有的天赋——只要别人随便说出一个单词，他都能拼写出来。他的母亲为此感到很欣喜，便决定安排雷石东参加全国的拼词大赛。

雷石东是聪明并且努力的，他一路过关斩将杀进了决赛。但就在此时，他对成功居然陷入了一种不切实际的狂热之中，他已经开始幻想成功的场面了——尖叫声，呼叫声。然而，就在他真正参加考试时，他却拼错了一个简单的单词，就是这样一个小失误，致使他不得不离开赛场。

雷石东的表现让母亲很伤心，她不禁落下泪来。这一幕永远地刻在了雷石东的脑海里，从那时开始，他就立志，无论做什么，都不要自满，要成为永远的第一。

从此，每天早上，自打起床开始，他就告诫自己一定要努力，于是，除了学习外，他再也不去从事其他的活动。

功夫不负有心人，雷石东以该校300年来最高的平均分从波士顿拉丁学校毕业，被授予现代拉丁文奖、古典拉丁文奖和本杰明·富兰克林奖，并且获得了前往哈佛大学深造的奖学金。

从哈佛毕业后，雷石东的激情与永争第一的精神，让他时刻不忘奋发进取。50年间，雷石东抓住机遇，大胆地扩张使自己从一个机车影院的老板，成为一个年收入达246亿美元的传媒帝国的领袖。

从雷石东的经历中，青少年朋友们，你们学到了什么？的确，无论做什么，都要不断进取。这样，在今后的求学和人生道路上，你才能处处做到最好。

列夫·托尔斯泰说："一个人就好像是一个分数，他的实际才能好比分子，而他对自己的估价好比分母，分母越大，则分数的值越小。"现代社会，任何一个人，都应该认识到自身知识的局限，认识到学无止境的含义，才能放开眼界，不断地吸收新的知识。

球王贝利不知踢进过多少个好球。他那超凡的球技不仅令千千万万的球迷心醉，而且常常使场上的对手拍手叫绝。有人问贝利："你哪个球踢得最好？"

贝利回答说："下一个。"

当球王贝利创造进球满1000的纪录后，有人问他："你对这些球中的哪一个最满意？"

贝利意味深长地回答说："第1001个。"

另外，还有爱因斯坦的故事：

爱因斯坦是个名满天下的科学家，据说有一次他的学生问他："老师的知识那么渊博，为何还能做到学而不厌呢？"

爱因斯坦很幽默地解释道："假如把人的已知部分比做一个圆的话，圆外便是人的未知部分，所以说圆越大，其周长就越长，他所接触的未知部分就越多。现在，我这个圆比你的圆大，所以，我发现自己尚未掌握的知识自然是比你多，这样的话，我怎么还懈怠得下来呢！"

哈佛启示

任何一个人都有成为最好的愿望，但什么是最好的呢？其实，最好的结果永远在下一次，下一次就是明天，就是将来，正因为你没有达到，你才有不断进取的动力。在取得好成绩时，你当然应该高兴，应该庆祝，但你必须保持清醒的头脑，你必须告诉自己，我还可以做得更好。永不满足才是促使你不断攀登人生高峰的前提！

第3章 主动学习与探究，别等老师把知识"喂"给你

当今社会，任何人都必须树立终身学习的理念。而真正有效的学习必须是自主的、探究性的。这也是哈佛学子们学习的原动力。任何一个青少年，在学习过程中，都应该做到善于质疑、勤于发问，这样，你才能做到将知识融会贯通，形成自己的知识系统，并最终养成受益终身的学习习惯。

主动学习，不等老师填鸭式传授知识

现代教育提倡尊重学生的表达和自主发言，反对"填鸭"和"满堂灌"，作为青少年，也应该培养自己的学习意识和能力，而不是一味地等待老师把知识"喂"给你。

生活中，我们不难发现一个现象，两个年龄相仿的孩子，学习着相同的内容，学习成绩好的一定是那个主动学习、主动发问的孩子，他的自主学习能力较强，不需要家长和老师的督促。而相反，学习成绩差的，一定是那个处处需要老师和家长指引和督促的孩子。事实上，学习效果与自主能力是成正比的。的确，任何一个人的才能，都不是凭空获得的，学习是唯一的途径。学习的过程，就应该是一个主动求知的过程。任何

一个青少年，都应该学会自主学习。

事实上，我们不得不承认的是，中国的中学采取的多半都是填鸭式的教育，而学生们也习惯了这种教育制度，而美国学校培养的是自主学习的习惯，这让中国学生与美国学生在大学选择了不同的生活方式和态度。

你若想成为和哈佛学子一样的优秀者，就必须培养自主学习的习惯。我们不妨先来看下面一个故事：

17岁的列宁，满怀理想考入了喀山大学。在接受共产主义的先进思想后，列宁的世界观和人生观都发生了彻底的改变。他不仅努力学习专业知识，而且积极投入了实现共产主义的政治活动中。但不久，他就被学校开除了。

"你们可以开除我的学籍，但开除不了我求知的心，我要在校外上大学！"就这样，列宁抱着这个坚定的信念，开始了刻苦自学的历程。

他搬到喀山市近郊的一个小村庄。这里到处是茂密的森林，环境十分幽静。每天天刚蒙蒙亮，列宁就从茅屋里走出来，开始了一天紧张的读书生活。

他时而大声朗诵，时而轻声默读，时而奋笔疾书。直到太阳落山，他才踱回屋子里。很快，茅屋的窗下，又出现了列宁挑灯夜读的身影。一天天，一月月，他总是这样紧张有序地学习着。

一年过去了，他自学完了大学的全部课程。后来他以校外生的资格参加了彼得堡大学的毕业考试。出乎所有人的意料，他在所有考生中名列第一，获得了甲等毕业证书。

列宁并不是天才，但他却以饱满的热情投入到各种学习中，这就是一种主动求知的精神。正因为如此，在学习时，他能做到潜心，不为外界干扰，正是这种专注，他自学了大学的全部课程，从而为其后来投入共产主义事业奠定基础。

对于青少年来说，可能你已经习惯了"填鸭式""灌输式"的教育方式，你已经习惯了在老师或者父母的监督下学习，一直处于被动学习的状态。而事实上，这已经是一个终身教育时代，学习已经成为一个人一辈子的事情。联合国教科文组织出版的《学会生存》一书中指出："未来的'文盲'不再是不识字的人，而是没有学会怎样学习的人。"随着时代的进步、知识的更新换代，你如果不想被时代抛弃，你就必须转变自己的学习观念。

因为你终究是要步入社会的，而那时，你不可能再接受老师和家长的知识灌输，这就要看你的自学能力了。所以说，未来的竞争是自学能力的竞争。教育反映时代精神，在这个知识更新飞快的时代，只是一味地等待老师喂给你知识已经不现实了。

为此，你需要做到：

1. 端正学习目的

你为什么而学习？是父母强逼你学习，还是你有着伟大的梦想？如果你总是认为学习是一件无奈的事，那你又怎么可能投入全部的热情学习呢？因此，你不妨重新考虑一下自己学习的目的，真的是为了他人吗？

2. 学会排除各种干扰，消除各种杂念

一心一意想学习，全心全意谋进步，也就是心要静。如果你整天想着："该买件新衣服了""他为什么不理我了，是嫌我又多长个青春疤""她为什么把我甩了，是不是喜新厌旧了"，整天为一些生活琐事和儿女情长之事烦恼，你又怎么能重视学习呢？整天想着"数学作业老师不检查，咱不做了""语文做了也白做，不做了""这章节太容易，有啥学的"，你的心又怎么能静下来呢？

3. 早动手

在学习上，你若动手早，你就有足够的时间，所做的准备就越充分；你动手晚，你的时间就越少，你的心就会越焦躁。

曾经有记者对某所著名的高中三年级某班学生进行跟踪调查，他们发现，中午吃饭时间不到30分钟，校园里已空无一人，教室已响起了琅琅的读书声；课间操集合时，每个同学都拿一个小本本，嘴里念念有词，他们在利用集合时间记英语单词！以这样的精神学习，还怕学不好吗？

4. 制订详细的学习计划

盲目学习是没有好的效果的，效率差的学习会让你的自信心逐渐消失殆尽，因此，你最好制订一份详细的学习计划：每天做什么，什么时间做，要有详细的计划，计划要切合实际，要略高于自己现在的学习能力。

从明天起，你将开始全新生活，订个详细的计划，让它来规范自己，约束自己，提醒自己，鞭策自己！依计划而行，则有条不紊，顺理成章；无计划行事，则盲无目的，失去所向。

5.坚持你的学习计划

在《圣经》这本书中，记载了一个故事：

摩西带领以色列人出埃及，过红海，来到旷野，走了三天都找不到水喝，好不容易到了玛拉，却发现那里的水是苦的，百姓不由得大发怨言，因苦不已。他们不知道，只要再走一段路程，紧接着就到了以琳。那里有泉水和棕树，可以让他们安安稳稳、舒舒服服地扎营休息。

哈佛启示

任何一个哈佛学子都是青少年自主学习的榜样，他们从不指望老师，而是主动、积极地学习。事实上，如果你能养成自主学习的习惯，那么，你不仅能提高自己的学习效率，还能帮助你在离开学校后继续成长、成才。

青少年要有发现和解决问题的眼光

哲人说：我爱我师，我更爱真理。一个人只有具备犀利的目光，才能察觉出他人所不能察觉出的问题，也才能发出自己的声音，才能不为传统所束缚，做到有所创新。

我们知道，当今社会是一个创新型社会，那些有想法的人才会受到重视，他们的发展潜能更大。我们甚至可以说，一个人的想法是与其命运有着极为密切的关系的。因为人的想法是大脑的活动，人的行为受其支配。任何一个青少年，都要有自己的想法，并且做到善于发现各种问题，而绝不是人云亦云。

在哈佛的课堂上，教授们必须随时更新自己的知识储备，因为他们会经常被学生提问。当然，学生讨论时质疑教师的言论、挑战现存理论是深受教授鼓励的。

在哈佛，曾经有位教授说："哈佛不需要只会考试的应试机器。"因此，哈佛的教授要求学生们：有鲜明的个性，有学术精神，有领导能力。因为哈佛所培养的是国家未来的精英，是在政治、法律、金融、管理和学术各个领域的顶尖精英。哈佛重视的是一个年轻人的综合素质，从知识的适应能力到创造精神，从博雅文化到领袖气质。哈佛需要和培养的是有思想、有想法的人，他们坚信，只有这样的学生，才能推动人类社会的快速进步。

青少年朋友们，如果你去参观哈佛大学，你会发现，你会被他们浓厚的学习氛围所感染，但哈佛学子们并不会因此而产生高傲感。在哈佛的课堂上，他们都会踊跃地提出自己的问题，他们的创新思维和怀疑精神在这里大受鼓舞。

在哈佛，有个著名的景点——肯尼迪公园。在公园南门的石柱上，刻着肯尼迪总统在1963年说过的一段话，这段话的内容是：创造权力的人对国家的富强做出了必不可少的贡献；但质疑权力的人做出的贡献同样必不可少，特别是当这种质疑与私利无涉之时。因为，正是这些质疑权力的人们在帮助我们做出判断：究竟是我们使用权力，还是权力使用我们？

每天早上，千百个哈佛学子从这里走过，每看到这段话，他们就受到一次鼓舞。哈佛人知道，如果说严格的学术规范是独立思想得以存在的一个基本保障，那么怀疑精神便是独立思想得以形成的一个主要的内在动力。

青少年朋友们，在学习的过程中，你只有和哈佛学子一样，持怀疑的态度去发现问题，你才能真正获得知识。我们再来看看下面这个故事：

小泽征尔是世界著名的音乐指挥家。一次他去欧洲参加指挥家大赛，在进行前三名决赛时，他被安排在最后一个参赛，评判委员会交给他一张乐谱。小泽征尔以世界一流指挥家的风度，全神贯注地挥动着他的指挥棒，指挥着一支世界一流的乐队，演奏着具有国际水平的乐章。

演奏中，小泽征尔突然发现乐曲中出现不和谐的地方。开始，他以为是演奏家们演奏错了，就指挥乐队停下来重奏一次，但仍觉得不自然。这时，在场的作曲家和评判委员会权威人士都郑重声明乐谱没问题，而是小泽征尔的错觉。他被大家弄得十分难堪。在这庄严的音乐厅内，面对几百名国际音乐大师和权威，他不免对自己的判断产生了动摇，但是，他考虑再三，坚信自己的判断是正确的，于是，大吼一声："不！一定是乐谱错了！"他的喊声一落音，评判台上那些高傲的评委们立即站立起来向他报以热烈的掌声，祝贺他大赛夺魁。原来，这是评委们精心设计的圈套。前面的选手虽然也发现了问题，但都放弃了自己的意见。

这则故事中，倘若小泽征尔不能坚信自己的判断是正确的，和其他几位选手一样，即使发现了问题，也不敢提出来，或者放弃自己的意见，那么，在这场比赛中，他也只能和其他选手一样，被淘汰出局。

的确，那些人云亦云、不敢提出问题的人，不仅会失去成功的机会和别人的赏识，更遗憾的是，他们会失去那种让自己的思想自由迸发，最后被别人认可的快乐。

曾经有这样一则报道：

有一名六年级的小学生，他对蜜蜂进行了长时间的跟踪观察，他发现，蜜蜂的发音器官并不是科学家们所说的那样是用翅膀发音的，而是在翅膀的根部有一个发音器官。于是，接下来，他依然带着怀疑的态度，将自己的想法写成了论文，因而，他获得了第18届全国青少年创新大赛优秀科技项目创新银奖和高士其科普专项奖。

这就是一个善于观察并敢于怀疑的青少年。事实上，每个人都有自己的独立思想，对事物有着自己的看法。你也要和这名小学生一样敢于怀疑，因为真正有效的学习并不是死读书，而是自主性地、探究性地、学以致用性地读书。

哈佛启示

古人说："疑似之迹，不可不察。""于无疑处有疑，方是进矣。"青少年朋友们，对待一些问题，你也应和哈佛学子一样，要善于质疑，要敢于挑战权威。

课前多做准备，让你的学习更深入

"凡事预则立，不预则废。"对于青少年学生，课前准备至关重要。做好课前准备，能帮助你带着问题上课，能提高你思维的敏捷性，从而更好地吸收知识。

我们都知道，"满堂灌"是中国各级学校一大特色，老师在讲台上滔滔不绝地讲，学生在台下无精打采地听。很多青少年也已经习惯了这样的学习方式，然而，你是否经常感到学习很吃力、感到无法消化课堂知识？如果你能在课前做足准备，那么，在听课时，你就能做到有的放矢，听课效率自然高得多。青少年们敬仰的哈佛学子正是这样做的。

我们都知道，学生课后要花很多时间看书，复习。每堂课都需要提前做准备。课前准备充分了上课时才能在课堂上和别人交流，贡献你的个人思想，才能和大家一起学习。否则你是无法融入课堂教学中的，当每个学生都投入了时间认真准备了才可以快速推进课堂讨论的进程，而之前如果不做课前准备你就无法参加到课堂讨论之中。

哈佛的老师们也很注重对学生自主学习能力的开发，在哈佛的课堂上，纯知识或者纯技术性的内容是极少出现的。对于这些内容，他们有设计并录制精良的网上课程讲解，要求学生在课前自我学习掌握，课堂时间则由老师引导着，运用这些知识来讨论一个又一个的案例，活生生的案例不仅巩固了学生的知识，更开启了心智，扩大了视野。

的确，课前准备对于学习的裨益是多方面的。

首先，独立的课前准备能帮你独立地阅读和思考新知识，从而加快阅读速度，也有助于你的分析、综合、归纳、演绎、判断、推理等能力。

其次，课前准备能帮助你发现知识上的不足，从而做到查缺补漏。

最为重要的是，课前准备能提高你听课的效果。当你带着不懂的问题听课，目的明确，态度积极，针对性强，注意力容易集中，并能随时作出积极的反应。预习后不仅上课容易跟上老师的思路，而且在老师讲到自己已经懂得的那部分知识时，还可以把自己的思路和老师的思路进行比较，以取长补短，提高思维能力。

周涵涵学习成绩好的一个制胜法宝就是：预习和复习工作做得很到位。她很注重复习，每天放学回家后，她都会花一点时间，将课堂知识重新巩固一遍，对于那些没有弄懂的知识，她会寻求爸妈的帮助。而同时，她也很注重预习。正因为如此，她在上课的时候，似乎老师要讲什么，她都知道。

这天课间时间，同学们凑在一起聊天。

"我爸和我妈似乎一天都很忙，我放学回家，他们只会叮嘱我要好好学习，而不会花多少心思在我的学习上，更别说辅导我预习功课了。"一个同学这样谈到自己的父母。

"我爸妈倒不是，他们对我是叮得太紧了，我一回家，他们就会问我当天学了什么，从小学到初中这些年都是这样，这倒是一个很好的回顾、复习课堂内容的好办法，但回答完以后，我哪里还有多少时间去预习新课程？所以，我经常会觉得老师上课的内容很陌生……"

这时候，班主任老师，也走过来加入学生们的谈话："我认为各个层次的学生都需要预习。成绩好的，预习工作可以跳出课堂跳出学科，拓宽视野。而对学困生来说预习更重要，否则讲课时往往会被老师牵着鼻子走，没有一点自己的主动性，听课很累。而预习之后，假如这堂课上的三个知识点，他能提前弄明白一个甚至两个，那么就能较快进入课堂，听讲中也有侧重点和针对性。"

"是啊，预习和复习在学习过程中都很重要，一样都不能落下啊……"

的确，可能很多青少年认为，复习在学习过程中很重要，其实，预习也同样重要。

当然，前提是你必须掌握科学的预习方法。如果预习不得法，有时反而会适得其反。有时候，在准备的过程中，你原本只是抓住了一点皮毛，反倒认为自己都听懂了，上课就不注意听讲，这样就把知识的来龙去脉等重点错过了，显然是捡了芝麻丢了西瓜。

为此,你需要掌握以下两点课前准备的方法:

方法一:根据老师的上课方式预习。

在设计自己的预习方式时,最好先想想老师的上课方式是怎样的,或索性直接去问一下老师,怎么样预习。因为预习是为了课堂能听得更好,而课堂计划是由老师来制订的,所以孩子的预习也要与课堂配套起来。

方法二:与习题配套预习,以便帮助查缺补漏。

这就意味着,你在认真投入学习之前,先把要学习的内容快速浏览一遍,了解学习的大致内容及结构,以便能及时理解和消化学习内容。当然,这要注意轻重详略,在不太重要的地方可以花少点时间,在重要的地方,可以稍微放慢学习进程。另外,在准备前,你可以购买一本与课本配套的练习册,买练习本时需特别注意,别买参考答案只有一个数字的那种,而要选择有详细解答过程的,这样有助于你理顺思路,做错了也能弄明白为什么错,对于不懂的地方就要做出标记。

哈佛启示

知识的积累,就像建造房子,从砖到墙、从墙到梁,是一个循序渐进的过程。青少年朋友们,在学习过程中,你一定要养成做好课前准备的习惯,它所需要的时间并不是很长,但效果会很好,磨刀不误砍柴工,就是这个道理!

大胆提问，吃透知识

古人云："学贵质疑，小疑则小进，大疑则大进。"质疑，是青少年学生自主探究的起点，也体现一个人自主发展的标志。有了疑问，才会产生自主探究的浓厚兴趣。

在中国，人们一直有这样一个传统的观念，听话的孩子就是好孩子。为此，很多青少年朋友认为，学好知识就要听话，记住老师传授的知识即可。而实际上，高效率的学习必须是自主的，必须是探究性的。为此，你必须从小开始培养自己敢于质疑的精神，在学习中勇于提出问题，敢于表现自己，敢于别出心裁，敢于挑战权威、挑战传统，从而养成想质疑、敢质疑、会质疑、乐质疑的良好习惯。

在青少年们向往的哈佛课堂上，所有的学生都踊跃向教授提问，哈佛教授们也就习惯了学生尖锐的质疑和直率的批判，许多教授公认没有受到学生挑战的课是最沉闷无聊的课，也是最失败的课。他们懂得，怀疑精神的培养，不仅是学生个人思想和学识增进的必需，也是国家和民族能够不断反思过去、质疑现在、求新求变、充满活力的必需。

在哈佛的课堂上，学生讨论时质疑教师的言论、挑战现存理论和方法的表现，是教师评分的重要依据。一个学生没有提出过疑问或不同见解，哈佛教授对他一般只会有两种判断：要么对这门学科不感兴趣，要么没有学习能力。无论哪一种情况，他都不可能获得很好的分数。

的确，勇敢提问、敢于质疑，你对知识的理解才更深刻、更全面；同时，大胆地对问题提出不同的见解，激发自己的求知欲，你就会一步步成为与众不同的成功者。

有一天，蕾蕾在预习语文课文的时候，发现课文中有一个错字，但她也不敢肯定，于是，就查了好几遍字典，结果证明自己都是正确的，于是，她就拿着书本去找正在看电视的妈妈：

"妈妈，你看，语文书上居然有错别字呢！"

"怎么可能，你们的教科书还有错误？"

"真的，妈妈，您看看嘛！"

"妈妈要看电视呢，你明天去问老师吧，估计老师也会说你错了。"妈妈不耐烦地对蕾蕾说。

蕾蕾一听，有点生气："妈妈，你知道尽信书不如无书的道理吧，但你现在怎么这样呢？"

看着女儿情绪有点不对了，妈妈拿过书一看，原来，这个字果然是错的。

"对不起啊，女儿，妈妈错了，妈妈不该只顾着看电视，而打击你质疑问题的积极性，以后遇到类似的问题，你都可以来问妈妈，妈妈不知道的，也会找人帮你解决。"

"这才是我的好妈妈，谢谢妈妈！"

故事中的蕾蕾就是个敢于质疑的女孩。的确，事实上，青少年阶段的学生已经不是儿童了，他们的自主意识相对于儿童来说更强，在学习上表现得尤为明显，他们对于老师的话、书本上的知识在接受的同时,也不再像小学生一样全盘接收,他们对自己不明白的问题,有时候会质疑,并试图找出正确的答案。因此,在学习时,如果你有疑问,就要大胆地提出来,这是勤于思考的表现,这表明你有了初步的创新意识,产生了创新的冲动。

具体来说,你应做到以下两点:

1. 在日常生活和学习中多动脑

思考是提出质疑、发现新问题的前提,许多非常成功的人,都是善于思考的。牛顿通过对苹果落地现象的质疑产生了关于重力的思想;爱因斯坦通过对太阳的质疑产生了关于相对论的思想;爱迪生因为最爱向老师问"为什么"而成为伟大的发明家。因此,一个只知记忆,不善思考,不敢质疑问难的学生并不是好学生,他不会有创新能力,只能是一个平平庸庸的人。为此,你要想让自己有所突破的话,就要多思考。比如,在做数学题的时候,你可以多找出其他解决难题的方法。

2. 大胆地说出自己的想法

一个人具有想象力才敢于质疑,没有想象力的人就像一潭死水,没有生机和活力。为此,你要敢于说出自己的想法,遇到问题要敢于打破常规,发挥自己的想象力,凡事没有标准答案,要敢于提出不同的答案和见解,久而久之,你就能培养出善于想象的习惯了。

哈佛启示

每一个青少年都要和哈佛学子一样,抱着敢于质疑的态度学习,你才能增强自己的求知欲,才能产生积极的学习兴趣,从而高效地学习。

第4章　实践出真知，精通理论更要付诸实践

哈佛告诉学生，在思想上有高度、有深度、有远见，这样的年轻人肯定会受到别人的称赞，但他们更应该懂得随时检验自己的行动是否与现实脱节。现实生活中，每一个青少年都应该记住这句话，在追求梦想的过程中，只有做到将理论和实践结合起来，将梦想与现实结合起来，将一切付诸行动，你的梦想才有实现的可能。

立即行动，青少年别光想不做

每个青少年的心中都有一个梦想，梦想是点燃激情的火把，它能激发一个人的潜能，但如果你只是幻想而不付诸实践的话，那么，你只能在一片幻想的迷途中越陷越深。

在现实生活中，我们不难发现一个现象，很多成功人士并不是高学历者，那些高学历者也并不一定能成功，这是为什么呢？其实，这与他们对待梦想的态度和行为不无关系。低学历者更注重实践，为了目标，他们一步一个脚印地努力，而一些高学历者则太过注重理论知识。这种现象在开放的社会已经较为普遍，我们并不是说这是一种必然，但从一个侧面可以看

到，光想不做是不会有好的结果的。

曾经有哲人说过，"梦想指引我们飞升"。我们都知道梦想的伟大力量，但把梦想变为现实只有一个方法，那就是行动。在哈佛的课堂上，教授曾经为学生讲过这样一个故事：

早川德次是日本著名的早川电机公司的董事长，这家公司因为生产著名的夏普电视机而闻名于世，而早川德次却是一个命运坎坷的人。小学二年级时，他的父亲就去世了，他不得不去一家首饰加工店当童工。

早川是个坚强的人，在他很小的时候，他就告诉自己："即使我没有疼爱我的长辈，但我一定要努力生活，做出一番成绩来。"

童工生活是辛苦的，他在首饰店每天的工作除了烧饭带孩子就是干一些体力活。时间过得很快，一晃四年过去了，有一次，小早川终于鼓起勇气向老板提出："老板，请您教我一些做首饰的手工好吗？"

老板一听，生气地对他说："小孩子，你能干什么呢？你喜欢学的话，自己去学好了！"

早川一想，是啊，为什么要靠别人，自己去学吧，于是，从那以后，他开始留心店里的技术活，尤其是当老板找他帮忙时，他都尽量多看、多想，这样，他终于靠自己的努力学到了一些关于工作上的知识和技能。

功夫不负有心人，他成为了一个耳聪目明的人，18岁他就发明了裤带用的金属夹子，22岁时发明了自动笔。他有了发明，老板便资助他开了一家小工厂。

这种自动笔很受大众喜爱，风行一时。世界没有给他任何东西，但他却令世界变得丰富多彩。30岁时，在他赚到1000万日元以后，就把目标转向收音机界，设立平川电机公司。

早川德次为什么能够成功？因为他能够从零学起，能把梦想归于实践。

青少年朋友们，也许现在的你也有很多梦想，你可能希望自己能成为著名企业家、人民教师、歌唱家等，但无论如何，你要知道，理想不同于妄想和幻想，目标要切实可行，行动要脚踏实地。这样，你离你的梦想就不远了。

因此，哈佛也告诫学生，不管你的梦想多么高远，先做触手可及的小事。梦想是一个大目标，你需要做的是完成每天的小目标，这样，你朝大目标就近了一步，每近一步，你就会增加一份快乐、热忱与自信，你就会消除一份恐惧，你就会更踏实，就会从积极的思考进展成为积极的领悟，那么，就没有一件事情可以阻挡得了你。

哈佛教授说，我们关于梦想的勾勒应该是这样的：我目前拥有什么，我从哪里做起才能让自己的生活发生一些正面的变化。

在生活中，可能你也看到不少人一夜成名，但如果你能细究一下，你会发现，他们过去的成功绝不是偶然的，正如有人说的"没有人能随随便便成功"。他们为了实现梦想早已投入无数心血，打好坚固的基础了。相反，也有一些人，他们雄心壮志、誓将要成就一番事业，但终其一生却碌碌无为、两手空空。差异产生的原因就在于行动，从身边的小事开始做起、注重实践，就会出现意想不到的机遇。

哈佛启示

任何一个青少年都必须明白，梦想的实现，需要你一步一个脚印地积累。因为进步是一点一滴不断地努力得来的。你应该以哈佛人为榜样，从现在起，树立最适合自己的切合实际的梦想，才能达到激发潜能，推动人生的目的。

脚踏实地，少年的梦想才有实现的可能

爱因斯坦说："人的价值蕴藏在人的才能之中。在天才和勤奋两者之间，我毫不迟疑地选择勤奋，她是几乎世界上一切成就的催产婆。"梦想的实现是一个过程，是将勤奋和努力融入每天的生活中、工作和学习中，它没有捷径，它需要脚踏实地。

关于未来，可能每个青少年都有很多幻想，你们豪气万丈、为自己编织着美好的未来，或希望自己成为某个行业的精英，或拥有自己的事业等，树立理想是好事，它可以匡正你的言行，让你的努力都有一个明晰的主线，但无论如何，你千万要记住，只有脚踏实地才是实现梦想的唯一途径，对理想的憧憬，也千万别过了头。

管好自己我可以

如果你每天把大把的时间都花在了展望自己的未来中，而不制订实现梦想的计划，那么，你的梦想最终只会遥遥无期。

哈佛大学著名的心理学教授丹尼尔·吉尔伯特认为：当一个人憧憬未来，在他看来，他似乎已经经历了那种美好，但实际上，这不过是一个想象的黑洞，是虚无的。的确，对于未来的过分憧憬，反而会抹杀自己对未来更为可靠的理性预测。

没有人可以在脱离行动之外就能收获成功，真正的喜悦也是来自实践过的经历。哈佛大学的心理学家认为，当人们尝试着估计自己能从未来的经历中获得多大的乐趣时，他们已经错了。人生只有经历过，才能品味出真实的味道，也只有脚踏实地地看待生活，才会活出自己。

一直以来，人们都赞赏那些有伟大梦想、眼光长远的人，但很多人在憧憬未来时，难免有几分浮躁之气。有时候，当事情还没做到一半时，他们就认为自己已经大功告成，开始飘飘然了。因此，青少年朋友们，你需要记住的是：急功近利，只讲速度，不讲质量，看不起眼前的小事，认为如此做不出什么名堂来，都是不可取的。

我们先来看一个年轻人的故事：

小陈是某名牌大学的经济系高材生，毕业前，他的梦想是考上国家公务员，如果不行，就考省里的，实在不行，市里的也行，这是他人生规划的一部分。他还想在城里买个大房子，把父母接过来，然后在城里安家立业。然而，很多时候，现实与人的愿望就是相差甚远,参加这些考试,要么是成绩不理想,要么是面试没通过。小陈曾经一度认为自己的人生就这么完了。

后来,小陈终于走出阴霾,考不上就去做别的,总有一条生存的路。于是,他开始找工作。他是个有抱负的人,他心想自己是个名牌大学的学生,能力也不比别人差,因此,一定要做出一番事业。终于,他投出的简历得到了回应。面试时,由于学历不错,长相谈吐也都大方自然,一些私企有意想录用他当文员或者秘书。"办公室里的好多人员学历不如我,能力也不如我,我觉得我大材小用了。"所以,辗转了好几次类似这样的工作,他就是做不长。

就在不知道何去何从的时候,他的表哥请他去家里坐了坐。他连小学都没毕业,如今却开着名车,还娶了城里漂亮媳妇。小陈心里很不是滋味。

表哥告诉他:"其实,你应该感到幸福,你想想我,那时候,没有学历,没有背景,而你呢。有这么多人疼着你,还供你上了大学,长得一表人才,前途光明着呢,别丧气啊!人有时候就不能太较劲了,也不能急于求成,也不能把自己太当回事了。苦你得吃得,气你得受得。你哥我不就是盘子端过、碗洗过、被人骂过,一步一个脚印,脚踏实地地走,才有了今天!"表哥的经历让小陈彻底明白了一个道理:要想成功,起点固然重要,但脚踏实地的努力更重要。

大学毕业已经两年了的小陈,最终明白了一个道理:找不到理想的工作，与其自暴自弃，怨天尤人，还不如踏踏实实，在一个自认为还有着足够兴趣的岗位上一步一个脚印地走。小陈平静下来后，在省城一家四星级酒店找到了工作，现在他已经是前台经理了。

生活中，可能有很多人都和小陈有着相同的经历，满腔热情被现实浇灭，但扪心自问，问题却在自身，与其打着灯笼满世界找满意的工作，不如踏实下来，勤奋工作。要知道，没有伟大的意志力，就不可能有雄才大略。可能目前这份工作让你感到很沮丧，你觉得前途渺茫，但你真的做到勤恳工作了吗？既然没有，那么，何不尝试一下呢？努力工作，你会发现，成长始终伴你左右！同样，青少年朋友们，你也应该深知，要想实现梦想别无他法，只有脚踏实地。

其实，生活中，那些成功者往往是那些做"傻"事的笨人，输得最惨的也是那些聪明人，那些笨人深知自己不够聪明，所以他们努力学习、埋头苦干，最终他们如愿以偿了。而有些聪明人则不肯下力气，总想着耍小聪明，投机取巧，所以往往输得很惨，所以智慧和实干比起来，实干更加不可或缺。

哈佛启示

梦想的实现必须扎根在现实的土壤上。任何一个怀揣梦想的青少年都应该让自己沉下心来进入角色，越早进入就意味着你越早成熟，离梦想的实现越近。

第4章 实践出真知，精通理论更要付诸实践

青少年要靠自己的双手开拓出人生路

面对人生的困境，你要懂得，求人不如求己。总想着依靠他人帮助的人，总想有人能在危难时搀扶你一把，你永远也无法完成任何伟大的事业。实践出真知，一个经历过挫折并靠自己站起来的人，才能傲立于世，也才能开拓自己的天地。

众所周知，哈佛是人才的摇篮。在哈佛，诞生了7位总统，而约翰·肯尼迪就是其中的一位。这位美国第三十五任总统为美利坚合众国的发展做出了杰出的贡献，他的诸多事迹，在哈佛大学的讲堂上广为流传。

在约翰很小的时候，有一次，他和父亲去骑马，在一个转弯的地方，因为马跑得太快，肯尼迪没有反应过来而从马上摔了下来。

小肯尼迪很伤心，他以为父亲会过来扶他起来，谁知道，父亲居然就坐在离他不远的地方抽起烟来。

"爸爸，快来扶我！"肯尼迪朝父亲喊起来。

父亲问道："你摔疼了吗？"

儿子带着哭腔说："是的，我感觉自己爬不起来了。"

父亲严厉地说道："那也要自己站起来，重新爬上马背。"

于是，小肯尼迪只好自己挣扎着站起来，并且摇摇晃晃地爬上了马，他抱怨着自己的父亲"你为什么要这样做？"

父亲语重心长地说："儿子，你要记住，人生其实就是一

个不断摔倒和重新站起来的过程,跌倒了,爬起来,奔跑,再跌倒,再爬起来,再奔跑。在任何时候都要靠自己,没有人会去扶你的。"

肯尼迪的故事告诉所有青少年朋友,任何一个人,都要勇敢地用自己的脚走路。一个人,如果总是处于被保护的状态,总是依靠他人的帮助成长,那么,他是无法成才的。然而,我们不难发现,生活中,一些青少年,由于家庭的影响,从小就缺乏独立性格和自主意识。遇到困难,一味将希望寄托于他人便会使自己形成惰性,从而使自己失去独立思考和行动的能力。

英国历史学家弗劳德所说:"一棵树如果要结出果实,必须先在土壤里扎下根。同样,一个人首先要学会依靠自己、尊重自己、不接受他人的施舍,不等待命运的馈赠。只有在这样的基础上,才可能做出成就。"

诚然,一个人自打出生起,总要或多或少地依靠来自自身以外的各种帮助,比如,父母的养育、师长的教诲、朋友的关爱、社会的鼓励……没有人可以完全离开他人的帮助而独立存在。然而,我们也不得不承认,有一些人却把自己立身于社会的希望完全寄托在父母和朋友的身上。这样的人,显然不可能在生活上自立自强、在事业上有所作为。有句话说:靠吃别人的饭过日子,就会饿一辈子。现实生活中的青少年朋友,你要明白,只有拒绝做温室中的花朵,才能成为一个实用型的人才,才能成为一个能独立解决难题的人。

潜能激励专家魏特利曾说过这样的话："没有人会带你去钓鱼，要学会自立自主。"他曾经历过这样一件事：

19岁那年，他的朋友特别多。一天，有个朋友和他约好，就在周日早上，他们一起去钓鱼，魏特利很高兴，因为他还不会钓鱼。

头天晚上，他先收拾好所有装备，如网球鞋、鱼竿等，因为太兴奋，他居然还穿着自己刚买的网球鞋就上床了。

第二天一大早，他就起床了，把自己的东西都准备好，他还时不时地朝窗外看，看看他的朋友有没有开车来接他，但令人沮丧的是，他的朋友完全把这件事忘记了。

魏特利这时并没有爬回床上生闷气或是懊恼不已，相反，他认识到这可能就是他一生中学会自立自主的关键时刻。

于是，他跑到离家最近的超市，花掉了他所有的积蓄，买了一艘他心仪已久的橡胶救生艇。中午的时候，他将自己的橡胶救生艇充上气，顶在头上，里面放着钓鱼的用具，活像个原始狩猎人。

随后，他来到了河边，魏特利摇着桨，滑入水中，假装自己在启动一艘豪华大油轮。那天，他钓到了一些鱼，又享用了带去的三明治，用军用壶喝了一些果汁。

后来，他回忆这次的光景，他说，那是他一生中最美妙的日子之一，是生命中的一大高潮。朋友的失约教育了他凡事要自己去做。

生活中最大的危险不在于别人，而在于自身。不在于自己没有想法，而在于总是依赖别人。依赖足以抹杀一个人意欲前进的雄心和勇气，阻止自己用自己的努力去换取成功的快乐。依赖会让自己日复一日地滞足不前，以致一生碌碌无为。过度依赖，会使自己丧失独立的权利，它是给自己未来挖下的失败陷阱。

哈佛启示

别人所给予的永远都不会属于你自己。一个想要成功的人，不应满足于送入笼中的食物，而应该努力掌握自己捕猎的技能。任何一个青少年都应该记住肯尼迪的话——勇敢地用自己的脚走路，然后找寻开启这个世界的钥匙。没有什么神明能保佑你，能帮助你摆脱现状的唯有自己——你就是自己的主人。

青少年敢于质疑，打破书本中的条条框框

任何一个人都应该注重科学文化知识的积累，但更应该从书本中解放出来，要崇尚科学自由，勇于挑战传统与权威。

相信不少人都听说过"哈佛裸奔节"，的确，就有人曾经在哈佛见证这一盛举。

在某个学期期末考试的前一天晚上，一些学生来到了哈佛校园的"起跑点"，他们神态自若，有的穿着睡袍，有的裹着

大毛巾，大多数人是光着脚穿着运动鞋。然后，他们脱下身上的衣服，一丝不挂，而周围看的人却裹得严严实实。

一声哨响，一百多人的裸奔队伍从哈佛园的那头尖叫着冲了过来，男多女少，一大片人影从眼前快速闪过。参加裸奔的学生都很兴奋，不少学生还像出席盛大的舞会那样，打扮得很有个性。

可能你会感叹，他们为什么要裸奔？美国名校学生当众裸奔有以下两个理由：

如果当众裸奔都不怕了，期末考试还用怕吗？

如果身体都不受束缚了，思想还会被束缚吗？

哈佛的"裸奔"其实在英文中并不是裸奔的意思，而是"原始的尖叫"（PrimalScreaming），以这种尖叫来发泄自己的情绪，尽情放松整个学期下来那已绷得极度紧张的大脑神经。

在美国的名牌大学读书，压力很大，据调查显示，哈佛百分之七八十的学生都患有不同程度的抑郁症，他们千方百计地寻求摆脱压力、释放压力的方法，裸奔也许就是一种他们认为较有效果的方法。

当然，从哈佛学生的裸奔行为中，我们更能看出来：他们并不是刻苦学习的书呆子，而是敢于解放思想的勇者。

现代社会，强调创新，任何重大成果的发现，都离不开创新意识的发挥。任何一个青少年朋友，在学习科学文化知识同时，都应该摒除生搬硬套和墨守成规这两点，学会突破，你才能真正学到知识。

法国心理学家约翰·法伯曾经做过一个著名的实验：

他的研究对象是一群毛毛虫，这些毛毛虫被他放到一个花盆的边缘上，按照循序围在花盆上，首尾相接。然后，他找来一些毛毛虫爱吃的松叶，放到离花盆不远的地方。可是，令他感到奇怪的是，这些毛毛虫并没有"心动"，还是一个接着一个，继续绕着花盆爬行，就这样，一小时过去了，一天过去了，好几天过去了，一连走了七天七夜，它们最终因为饥饿和精疲力竭而相继死去。其实，如果有一个毛毛虫能够破除尾随的习惯而转向去觅食，就完全可以避免悲剧的发生。

后来，科学家把这种喜欢跟着前面的路线走的习惯称为"跟随者"的习惯，把因跟随而导致失败的现象称为"毛毛虫效应"。

这个效应告诉我们，盲目地跟随他人不一定有好结果，我们的生活需要创造力。创造力是指产生新思想，发现和创造新事物的能力。生活中的青少年朋友们，都是未来社会的主人，应当具有锐意变革的精神，才能使自己始终处于竞争中的有利地位。

古人云："读万卷书、行万里路。"学习的最终目的是学以致用，对于青少年朋友来说，社会才是人生真正的战场，只有社会才能历练出一个成熟的人。

哈佛大学的一位专家也指出：学校里学的东西是十分有限的，在工作中和生活中所需要的相当多的知识与技能，完全要靠我们在实践中边学边摸索。社会是更大的一本书，需要经常不断地去翻阅。作为新时代未来接班人的你们，也应该注意在学习的时候，将理论与实践结合起来，这样的学习才是智慧的学习。

具体来说，你需要做到以下几点：

1. 善于变被动为主动

萧伯纳有一句名言："明白事理的人使自己适应世界，不明白事理的人想使世界适应自己。"

人的成长就是一种不断适应和调整自己的过程。生活中，那些在学习和工作上被动的人，最终都找不到前方的路，而那些积极上进的人，他们都敢于创新，即使他们遇到了暂时的困惑，最终他们也能走出低谷，有所成就。

因此，在学习中，你也应该有主动的精神，只有主动地、积极地学习，才是有效率的、创新的学习。

2. 善于学习前人的经验

像牛顿这样的科学家，在概括自己的科学理论成果时都说，他是站在巨人肩上的矮子。牛顿当然不是矮子，而是巨人，但他确实是站在前人的肩上的。没有牛顿对前人知识的学习、吸收和批判，就不可能有牛顿的科学理论创新。

你需要多看书和参加社会实践，多了解一些生活规律，用前人的经验来充实自己。

3. 敢于坚信自己

创新能否最终获得成功，相信自己很重要，有自信，你就敢走自己的路，就不怕失误、不怕失败；在大多数情况下，不自信走"小路"的人，通常也难成为创新型人才。

4.敢于打破各种定见和共识

要想成为一个有创造力的人，你需要：

第一，不要迷信权威；第二，不要太依赖他人，学会独立思考；第三，摒除观念思维、经验主义等主观定势，不要给自己上思维枷锁，你不仅需要敢于挑战书本的权威，也需要敢于自我否定。

哈佛启示

哈佛人是刻苦学习的，但也是疯狂的，他们更是锐意创新的。青少年朋友们，你需要记住的是，敢于打破书本知识的束缚、在实践中历练自己，你才能真正获得知识、得到成长。

中篇

青少年要学习的内在力量

第5章　修炼完美品性，品格是一个人的内在力量

众所周知，哈佛是培养世界顶尖人才的摇篮，每年，都有成千上万的学生从哈佛毕业，然而，他们从哈佛收获的不仅是知识和能力，还有品质。这些品质包括诚信、责任心、坚持原则、善良、感恩等，因为哈佛人明白，品质比能力更重要。一个人，必须要懂得先做人后做事的道理，才能真正立于世，才能成为一个合格的、优秀的社会人。

诚信是青少年人生中的第一品质

做人最要紧的是诚实，一个人不诚实，人家就不相信你，失信于人，就不会有威信，也就什么事情也干不成了。

哈佛学子爱默生曾说，"诚实的人必须对自己守信，他的最后靠山就是真诚。"富兰克林说，"诚实和勤勉，应该成为你永久的伴侣。"哈佛大学的教育宗旨一直是：合格的学生必须是以诚信为前提的。

2005年，哈佛大学取消了119名新生的入学资格，因为这些学生利用一些黑客手段侵入了哈佛大学的学校录取网站。为此，克拉克校长对此发表声明："这种行为是可耻的，也是没

有任何商量余地的，任何申请者一旦发现这种行为，都将不予录取。"

在哈佛，每一个学生都懂得，诚信是一个人的立身之本，是一切美德和能力的基础，如果失去了诚信，将失去一切。人可能有许多美德：勇敢、智慧、服务、创造力、帮助、乐观，等等，但如果是一个不诚实的人，说假话的人，这一切都将失去，因为基础没有了。

青少年朋友们，在培养自己的性格时，先要把诚信作为培养的第一要务。并且，要在现在的学习、生活中着手，只有把自己历练成为一个"言必行，行必果"的人，你才能形成一种人格魅力。

在美国，曾经发生过"169个儿子来认爹"这一事件。

很多年前，美国纽约的一家慈善协会准备为一家孤儿院盖一所房子，就在他们准备施工时，却挖到了一座坟墓。于是，这家慈善协会就在报纸上登出了启示：这位死者的家属可以来办理迁坟事宜，也将获得5万美元的赔偿款。

这天，没有工作的爱德华无意中看到了这一启示，他心想，真是要发财了。因为他的老父亲就曾经葬在那片土地附近。当然，他很清楚的是，那并不是他的老父亲，但5万美元实在真是一笔巨款，经不住诱惑的他甘愿去充当一回孝子。

可是，要办理认领手续还需要很多相关的文件证明，爱德华实在太聪明了。他先到旧货市场找到了一张三十多年前的旧发票，再到"丧事物品店"花了6美元，让人在旧发票上盖了一个章，证明他30年前曾为父亲在这里买过葬品。爱德华做得天衣无缝，喜出望外地跑去认爹了。

在这家慈善机构，接待爱德华的是一位漂亮的小姐，她对爱德华很热情。但爱德华要尽量表现出一个孝子失去老父的悲痛心情，他陈述着自己是多么的难过，甚至掉下泪来。可接待小姐却笑了，说："你不必这样，老人家毕竟已经入土30年了，活人不该再这样悲痛。"爱德华感到自己是有点过了，不再装腔作势。

但接下来发生的事，却是爱德华怎么也没有想到的，小姐先记录了爱德华的姓名、住址以及联系方式，然后，她很淡定地告诉爱德华："你已经是来认爹的第169位了。当然，你们并不可能都是这位老人的儿子，所以，我们需要一一审查。"

爱德华简直呆了，他完全没有想到，原来和自己一样贪财的人居然有这么多。

实际上，当时的美国正经受着一场诚信危机，人们都站出来呼吁诚信。

这件事很快被美国的一家媒体知道了，他们将这169位寻爹人的姓名都公布了，旨在告诉人们，即使你再贪财，爹也是不能乱认的。

随后，坟墓中老人的验尸报告也出来了，这位老人最起码已经去世一百六十多年了，很明显，这169位健在的寻爹人都是假的。事情让人哗然。

这真是一个耻辱。

这家慈善机构很快宣布：大家如果真的想认爹，那么，收容所有很多，他们每人都将得到一个爹。

这一闹剧发生后，美国上下深受震动。各界人士纷纷站出来讲话，呼吁诚信，提倡道德，重整人心，号召人们一定要做一个诚实坦白的人，一定要靠自己的劳动创造自己的未来。

经过这次事件，爱德华大受打击，他很惭愧，他收起了这份报纸，金子样地保存着，以警示自己，一定要做一个诚实可信的人。

从那以后，爱德华决定要靠自己的双手成功。就这样，经过十年的努力，爱德华成了美国通信器材界的巨头。当人们问及他的成功秘诀时，爱德华说，诚实，是诚实帮助了我，使我懂得该如何做人，使我有了事业并学会了如何待人，大无畏的诚实给我了一切。一个诚实可信的人，虽然会被人欺骗，常常吃亏，但最终会赢得信誉，受人爱戴，并获得成功。

诚实，一直是美国人无比注重的东西，也是美国人创业腾飞的武器。做一个诚实的人是任何一个民族强大起来的根本。

因此，青少年朋友们，如果你总认为他人不信任你、不对你敞开心门，那么，你不妨反省一下自己，你是否欺骗过自己的朋友、亲人，你是否尽心尽力地为你周围的人办过事等。

一个晴朗的早晨，曾子的妻子梳洗完毕，准备去集市买一些东西。她出了家门没走多远，儿子就哭喊着要跟着去，为了让儿子乖乖地待在家里，她许诺儿子回家后杀猪做酱汁烧的蹄子、猪肠炖的汤给儿子吃，孩子高兴地目送妈妈远去。当她回家后，果真看见丈夫在杀猪，她急忙上前拦住丈夫，说道："家里只养了这几头猪，都是逢年过节时才杀的。你怎么拿我哄孩子的话当真呢？"

曾子说："做人要言而有信，尤其在小孩面前更是不能撒谎的。他们年幼无知，经常从父母那里学习知识，听取教诲。如果我们现在说一些欺骗他的话，等于是教他今后去欺骗别人。虽然做母亲的一时能哄得过孩子，但是过后他知道受了骗，就不会再相信妈妈的话。这样一来，你就很难再教育好自己的孩子了。"

的确，你也要和故事中的曾子一样，要做到一言既出，驷马难追。言而有信，才能赢得别人的信任，这是做人做事的一大原则，"人而无信，不知其可也"。任何一个人，在青少年阶段必须培养健全的人格，用人格魅力交到朋友，取信于人。

哈佛启示

任何一个青少年，都应该以哈佛学子为榜样，一定要捍卫诚信的品格，与朋友交往要诚信，因为一个做事做人均无信的人，是很难在社会上立足的。

善良第一，青少年让善良之花在内心绽放

善良的品质不是人人都具有的，但人人却都能感受得到它的存在；善良不是人们与生俱来的附着物，但却是能够在净化自我心灵的过程中得到升华的人格成分。

我们都知道，每个哈佛人都是精明能干的，聪慧的，但同时，他们也是善良的。哲人说，善良是爱开出的花。善良是哈佛学子优良的品质，是心地纯洁、没有恶意，是看到别人需要帮助时毫不犹豫地伸出自己的援助之手。

中国人常说："人之初，性本善。"这句话并不只是说人的本性是善良的，更是要告诫生活中的每一个人都要心存善心，帮助他人有时候并不是为了回报，而是让内心更为快乐安然。

因此，每一个青少年在修炼自己良好品格的同时，都不要忽视善良这一点。实际上，我们生活的周围一直都不缺乏那些为他人、为社会贡献力量的善良的人。比如，2008年，汶川地震后，多少热血青年身赴灾区，帮助那些深陷困境中的人们、支援灾后重建工作；很多创业者成为成功的企业家后，却不忘回馈社会，用自己的绵薄之力支持慈善事业；一些闹市中的青年们，在忙碌之余，会带上自己的爱心来到孤儿院、敬老院，为他们带来欢乐……善心是人类与生俱来的本性。

从前，有个心地善良的人。这天，他看到一只蝎子掉进水里，他赶紧伸手进去救那只蝎子，谁知道，这只蝎子居然狠狠地蜇了他一下，疼死他了。

被蜇疼了的这个人下意识地松了一下手，蝎子又掉进水里。这人一看，赶紧又伸手救蝎子，结果，蝎子又蜇了他一下……旁边的人看见了，都说这个人很傻，不明白他为什么被蜇了，还要救这只可恶的蝎子，他是这样回答的："我当然还要救它，因为我们都知道，蜇人是蝎子的天性，这很正常。可对我来说，救它是我的天职，所以我不能因为蝎子蜇人的天性而放弃我救它的天职呀……"

生活中，能像故事中救蝎子性命的人又有多少？可见，不是所有人都能不计较后果地对人付出。但真心为他人付出的人，他们的人格是高尚的，是令人敬佩的。他们在帮助他人的过程中，虽然没有得到来自他人的回报，但心灵却得到了升华。

生活中的青少年们，当遇到需要帮助的人的时候，你是否愿意停下来为他们想想办法？或许在不经意间，受帮助的不仅是别人，而且还有你自己——爱加上智慧原来是能够产生奇迹的。其实任何一次助人行为，都是完善自我、实现自我价值的机会，怎能不出于自愿？然而，一个人若想真正做到内心无私地对他人付出，首先就必须具备善心。

在美国，有个叫亨利的著名作家，一次，他的侄子来他家做客，他们谈到了善良这个话题。

他问自己的侄子："你知道什么是善良吗？"

侄子点点头，说"我知道，可是我不知道怎么表达。"

亨利微笑了一下，然后继续问："你知道什么是人生中最宝贵的东西吗？"

侄子说自己知道，他说，人生宝贵的东西有很多，比如金钱。

听到侄子这么说，亨利摇了摇头，最后说道："在人的一生中，有三种东西是最宝贵的，第一是善良，第二是善良，第三还是善良。"

善良是什么？善良就是一种无私的付出，与人为善是人类永恒不变的天性。

当然，为他人付出并不是要停留在口头上，而是要付诸实践的。平素人们都说德行，何为德？何为行？德是个人的高尚情操，是先天品赋，但并非所有的人生下来就具备了好的品性，故需要后天扎扎实实地修养，也就是行，所以德需要行，才能为善，不然的话，德就是一个空洞的东西，未能为善的德只能是伪善。行是行为，善是无私，行为的无私就是行善，积德是行善的必然结果，利于别人的行为与思想就是善！

另外，为他人付出要从生活细节中开始。"勿以恶小而为之，勿以善小而不为。"诸葛亮《诫子书》冲动和暴躁未能成为德。我国画家启功先生就是一个在生活中与人为善的人。

一次，启功先生在有关方面人员的陪同下，到北京琉璃厂调研艺术品市场。

当他们闲逛时，有个工作人员发现在古玩市场的地毯上，摆了很多所谓的启功的书法作品，明摆着，这是赝品。

有个人问启功："启老哇，你用什么办法来甄别这些作品的真假呢？"

听到有人这么问，启功大笑起来，然后乐呵呵地说："一百年以后，比我写得好的，就全都是真品了！"

启老的这番话，虽然简短，却让人意味深长。

启功虽然是名人，但他最怕虚度时光，他常常砥砺自己要在有限的生命时光中，做出更多的奉献。然而，常常有人慕名前来请求他写字作画，以致影响了自己的正常学习和研究，他又不便直接拒绝,因此,他在创作、研究或身体不适的时候,就在门上挂个牌子,上书:"大熊猫病了!"来者看到便禁不住莞尔一笑,虽吃了闭门羹,但也仍感到轻松快乐。

这里,我们看到了一个老艺术家不但在艺术上取得了非凡的成就,而且在心灵上也步入了大彻大悟之境,生命中充满着一种"身心无挂碍,随处任方圆"的大气和洒脱。他的一番话虽然让人捧腹大笑,但表达的却是他处处替人着想的那一份善良。

一位智者曾经说过:善良是一种远见,一种自信,一种精神,一种智慧,一种以逸待劳的沉稳,一种快乐与达观……只要我们自己本身是善良的,我们的心情就会像天空一样清爽,像山泉一样纯净!

因此,每个青少年,无论如何,你都不能将"善心"抛弃,这样,无论你走得多远,也不会迷失本性,你将获得一份内心的安宁。

哈佛启示

赠人以花,手有余香!青少年朋友们,当你怀着一颗真诚之心善待我们身边的每一个人时,你收获的也是真诚与善良,当然,还会有浓浓的爱!

勇于担当,每个青少年都要学会负起责任

在一个人的成长过程中,要学习的东西很多很多。其中学

会承担责任，是每一个青少年人生成长过程中必经的一个重要步骤，是人生旅途中非常重要的一堂课。

在人们心里，哈佛是世界一流的大学，这里集聚了来自世界各地顶尖的知识分子、学术精英。而哈佛之所以能成为如此一流的学府，其中有个最为重要的原因，那就是雄厚的师资力量。在哈佛，每一位教授的任职过程都要经过严格而有效的聘任晋升制度。这也体现了哈佛对学生的负责精神。

哈佛告诉学生，责任心是衡量一个人成熟与否的重要标准。责任心会使一个人变得坚强。面对诱惑，他能恪守原则；面对挑战，他会奋力拼搏。他知道这是他的责任，他不能逃脱，必须积极地去对待而非消极地躲避。

有这样一个发生在哈佛的真实故事：

从哈佛毕业的名人中，亨利·基辛格可谓众人皆知。他出生于德国的一个犹太人家庭，曾经，他以优秀的成绩进入哈佛大学学习，在上学期间，也因为出色的表现而深受哈佛教授们的喜爱。

离任后的基辛格很想回到哈佛大学继续他的学术生涯，在所有人看来，这毫无悬念，对于哈佛来说，能请到这样的名人似乎也是一件很荣幸的事。但时任哈佛校长的博克教授却婉言拒绝了基辛格的要求，当他人问及原因时，博克教授是这样回答的，"不得不承认，基辛格是个很有学识的人，我们的私交也不错。但是，哈佛需要的是教授，而不是一个大人物，我不会花钱去请一个挂名的人。"博克教授之所以这么说，是因为他深知，作为已经是大人物的基辛格，要想把心思重新拉回到教学上来，是很难的。

这一点，正体现了哈佛对学生的责任心。我们都知道，人是一种社会性的动物，责任是一种对人的制约，所谓责任心，是指个人对自己和他人，对家庭和集体，对国家和社会所负责任的认识、情感和信念，以及与之相应的遵守规范、承担责任和履行义务的自觉态度。每个人都肩负着责任，对工作、对家庭、对亲人、对朋友，我们都有一定的责任，正因为存在这样或那样的责任，才能对自己的行为有所约束。社会学家戴维斯说："放弃了自己对社会的责任，就意味着放弃了自身在这个社会中更好的生存机会。"

事实上，每个青少年朋友，也都应该有这样的态度，哪怕是再小的一件事，你也要敢于负起责任。责任心往往驱使我们做一件事，而且会把它做好。我们每个人都要明白，只有我们认为那件事很重要，是我们的责任，我们才会调动全身的力量去干好这件事，千方百计地争取收获最好的结果。

一天，某户人家的门铃响了，开门的是男主人汤姆。

汤姆发现，一个大约十来岁的小男孩站在门口，并且，他开始自我介绍："你好，先生，我的名字叫亨利。"然后，他指着斜对面那栋漂亮的房子，告诉汤姆那是他家。

然后他问："我可以帮你剪草坪吗？"汤姆打量了一下这个小男孩，他身材瘦小，他再看看自己家的花园，有前后院，还有个大的草坪，不过，既然是他主动要求做，就点点头说："好啊！"

随后，男孩很高兴地推来剪草机，开始工作。他把笨重的机器推来推去，剪得相当整齐。

等他剪完所有的草后，按照事先说定的数额，汤姆给了他10美元的报酬，但汤姆很好奇这小男孩为什么要挣钱。对此，男孩说："上个星期我过生日，爸爸送我半辆自行车，我要赚另一半的钱。如果下一次再让我给你剪草坪，我就可以去买了。"

从那以后，汤姆家剪草坪的工作就给男孩承包了。慢慢地，附近几家的草地也都包给他去做……

的确，责任心对于任何一个成长阶段的青少年来说都至关重要。一个人应该有许多品质，其中衡量一个人是否成熟的标准就是责任心。事业有成者，无论做什么，都力求尽心尽责，丝毫不会放松；成功者无论做什么职业，都不会轻率疏忽。这就是一份责任。

但其实，责任心的培养，最终目的还是要让你学会担当，担当的意思是：接受并负起责任。意在强调行动的重要性。

曾经有篇报道，叙述了一个16岁的农村少年，以优异的成绩考取了师范学校，面对着瘫痪在床无人照顾的父亲，无奈之下卖掉了全部家产，背着父亲走进校门，开始了漫长而艰辛的求学之路。

一个"背"字，不仅体现了父子之情，也体现了孩子对家庭的责任，这个少年就是"担"起了家庭的责任。

责任不需要整天挂在嘴边，而是需要成为一种意识，你要明白，在遇到事情的时候必须承担后果。从小学会"担当"，长大了，你自然就会有责任心。

古往今来，先贤志士都很注重对责任心的培养。今天，人们呼唤责任感，一个家庭，一个学校，一个社会，都需要那些为它尽到责任的人。的确，责任对于任何人来说都是不可推卸的，它体现了一种社会必然性。人活着，就意味着要承担责任。

哈佛启示

责任心的强弱，能够反映一个人品德的优劣。一个责任心强的人，即使经受再大的困难，也不会抛下责任。任何一个青少年，要想成长为一个成熟的人，就必须先从培养自己的责任心开始做起。

无论何时，青少年都要信守做人的原则

在某些时候，是否能坚守自己做人的原则，是判断一个人道德水准的重要依据。

可能很多青少年都羡慕那些哈佛学子，因为他们能在世界一流的学府中汲取知识，接受最好的教育，但其实，哈佛并不仅仅是一座知识的殿堂，它更是一所精神和品质的家园。哈佛的教授更是时刻谨记自己的做人原则，端正自己的品行，因为

他们深知，身教重于言教。一位哈佛教授这样告诉他的学生，我们应随着时代的变迁而调整自我，但应信守做人的原则。在坚持自己原则的基础上，逐渐创立自己新的原则，使自己不断发展，不断完善。

日常生活中，我们常说做人要有原则，所谓的原则，指的就是说话或行事所依据的法则或标准。它规范着人应当怎样，不应当怎样，可以怎样，不可以怎样。但凡一个人，在想问题、工作、办事情的过程中，都有一个讲原则的问题。敢不敢于、善不善于讲原则，是检验一个人、一个单位、一个国家修养和素质的一块"试金石"。

每个青少年，你都应该明白，原则问题不可小视，做人要正直、做事要正派，堂堂正正，公公正正，才是立身之本，处世之基。的确，一个人的内心有了正确的原则，他的内心就如同有了一盏明灯，他的内心就会坚如磐石，谁也破坏不了。相反，如果你不能坚持原则，你的内心就会产生动摇，甚至做出让自己后悔的事来。

一个正直的人，始终听从心的指引，应该树立正确的评价他人的标准，并坚持这个原则。在现实生活中，很多人恰恰与之相反，他们的心异常浮躁，面对着诸多新鲜的事物，他们渐渐找不到自己的位置，把握不住自己内心的标准。

那么，对于青少年朋友来说，你该坚持什么样的原则呢？

1. 遵纪守法

人们常说，"不以规矩，不成方圆"。这里的规矩，运用到生活中来，其实就是做人的原则，我们无论是做人还是做事，都必须有原则，失去原则，人们就会失去行为的准绳，就容易越位。一个人若失去原则，就无法让人相信他能承担起重大的社会责任，同时也容易在是非善恶的交叉口迷失自己。

青少年朋友们，你也应该逐渐学会承担一定的家庭、社会责任，为此，你首先要做到的就是遵纪守法，道德和法律应该是你们做人的基本原则。

2. 专注于学习

青少年阶段的最主要任务莫过于学习，你只有专注于学习，才能摒除外界对你的干扰，这也是你需要坚持的原则之一。

哈佛启示

任何一个青少年朋友，都应该以坚持原则的哈佛人为榜样，因为坚持原则是考量人的道德标准。总之，培养自己的这一品质，将会对你的一生大有益处！

青少年心怀感恩，幸福常伴左右

懂得感恩的人是幸福的，在他们的内心，有一颗和平的种子，种下的是感恩，收获的是责任、自立、自尊和追求一种阳光人生的精神境界！

对于"幸福"一词,可能很多青少年朋友未必有很深的理解,可能在你看来,有足够的零花钱、放一天假就是幸福,其实,这些都是来自外在世界的幸福,一个人要获得来自内心的幸福,就必须要学会感恩。其实,幸福很简单:因为拥有阳光,因为拥有健康,因为拥有亲人,因为拥有朋友。只要有一颗感恩的心,即使你拥有的东西再少,你也会感觉到幸福。

在你看来,哈佛学子是幸福的,因为他们可以在世界一流的学府中接受最好的教育。然而,哈佛人之所以幸福,并不因为这些外在原因,而是因为他们懂得感恩,是感恩的心让他们努力学习,让他们立志要回报社会。

这是一个哈佛学子真实的感恩故事。

1998年,在清华大学有一个叫邹健的大二学生,他有着更大的求学愿望,希望自己能进入哈佛大学深造,但此时,命运却跟他开了个玩笑,他的父母双双下岗了。这就意味着他和同时在上大学的弟弟都有可能要辍学。坚强的邹健便边打工边上学,生活十分辛苦。

邹健的情况很快引起了唐山市路南区工商分局的重视,党委书记陈振旺率先提出倡议,团委书记王阿莉很快与清华大学取得了联系,清华大学很快提供了邹健的相关情况,路南区工商分局决定每月捐助邹健400元,直到他大学毕业。一场跨区域的助学行动拉开了帷幕。"当时局里的36名青年团员每人每月出资10元,不够的部分就由工会补上。"一直参与此项捐助活动的王阿莉介绍说。

受到资助的邹健一直学习努力，他从清华毕业后，顺利进入了哈佛深造，而现在的邹健已经获得了哈佛大学电机工程的博士学位，并在纽约的一家金融公司工作。

邹健是个懂得感恩的人，为了回报路南区工商分局的爱心，2006年2月14日，邹健的父亲给路南工商分局打来电话，告知邹健从美国特地寄来4000美元，他已兑换成人民币32125.60元寄给了路南区工商分局。

俗话说："滴水之恩，当涌泉相报。"感恩是一种生活态度，是一个内心独白，是一片肺腑之言，是一份铭心之谢。每个人都应学会"感恩"。案例中的邹健就是懂得感恩的人，正是这份感恩的心，让他拥有了积极向上的人生态度，最终，他也收获了幸福的人生。

事实上，不仅是邹健，每一个哈佛人都有一颗感恩的心。是感恩，让这些学子努力学习；是感恩，丰富了他们的精神世界；也是感恩，让他们变得成熟、完美。

然而，生活中，我们总能发现喜欢抱怨的青少年，他们抱怨学习太累、父母太唠叨，甚至会抱怨饭菜太差、衣服太难看等。他们之所以经常抱怨，是因为她们缺乏感恩之心。其实，无论我们遇到的是顺境还是逆境，都能磨炼一个人的心智。相反，抱怨除了让我们生闷气外，毫无益处。既然如此，那又何必呢？

有一块石头被刻成了神像，抬到庙里去供奉，受到人们的跪拜。后来，人们把庙宇改成了别的用场，这个神像也就用来垫墙脚了。

"我真不幸,怎么会碰上这么倒霉的事!"石像抱怨着,"让我来垫墙脚,真是大材小用!"

而另一块垫墙脚的石头却说:"我很感激能有这样一个位置。要知道,能够踏踏实实地做一些对人们有益的事,比起做一个高高在上、光摆架子,却没有一点用场的偶像来,要有意义得多!"

从这个寓言故事中,你也可以得出启示,只有心怀感恩的人,才能视万物皆为恩赐;也只有当我们心中充满了感恩之情时,压力才会变得不再是压力,世界也才会变得美好无比。而此时无论是怎样的困难,我们都可以满怀激情地去面对。

其实,在我们的人生路上,我们无时无刻不在接受他人的帮助,接受他人的恩惠。自打我们出生,父母就在孜孜不倦地哺育我们,教我们做人做事的道理;跨入校门,我们的老师就无怨无悔地把毕生所学传授给我们;当我们遇到困难时,我们的朋友也会向我们伸出援助之手……青少年朋友们,你需要报答的人太多。如果你有一颗感恩的心,那么,你还会抱怨老师的严厉、父母不能给你充裕的物质生活吗?

"不要抱怨玫瑰有刺,要为荆棘中有玫瑰而感恩。"这句话成功地道出了一个深刻的人生哲理。因此,不管遇到什么事情,青少年朋友们,你都要学会感恩,那样,你内心的个人偏见自然会慢慢减少,烦恼也就会慢慢减少了。

哈佛启示

如果你是一个心怀感恩的人,那么,你一定是幸福的。因为生活需要一颗感恩的心来创造,一颗感恩的心需要生活来滋养。常怀感恩之心,人生就会更加圆满,从而减少了很多憾事。

第6章　修炼强大内心，青少年面对困难要决不退缩

我们都知道，从哈佛毕业的名人数不胜数，大多是科学家、企业家和政界人士。他们追求成功的路也并不是一条坦途，但他们知道成功的捷径是勇敢地走最艰辛的路。任何一个青少年朋友，都应该以哈佛学子为榜样，你要记住，面对困难，没有人能解救你，除了自己拯救自己。你只有勇敢面对，只有坚定自己的信念，并努力找出解决的方法，你才能走出困境，迎接成功。

挫折必然定律：没有挫折，就没有进步

在人生的追求中，我们不可避免地会遇到一些挫折，但是，只要你足够坚强，你就能将挫折踩在脚下，你就能获得进步。

生活中，困难无处不在，而很多时候，打倒人们的不是这些挫折，而是被我们内心放大的恐惧。事实上，挫折如弹簧，你软它就强。你只有内心强大起来，才能克服困难。在很多青少年看来，哈佛学子们是幸运的，他们在学业上一帆风顺，可以进入世界一流的学校学习，毕业后可以从事自己喜欢的工作。而实际上，哈佛学子也会遇到各种各样的挫折，只是他们哈佛人从来都不会因为暂时的逆境而放弃拼搏，他们这样

勉励自己:"我要振作精神,跟命运搏斗,我要把痛苦化为力量,设法有所建树。"因为哈佛人相信一条定律——挫折必然定律,挫折往往与进步同在。这一定律是哈佛大学的荣誉博士J.K.罗琳提出的。J.K.罗琳是《哈利·波特》的作者。

罗琳在接受哈佛大学荣誉博士学位的演讲时说:人们有一个共识,人可以从挫折中变得聪明和强大。这句话意味着人从此对自己的生存能力有了更好的把握。如果一个人没有经过苦难的考验,那么他从来不会真正懂得自己,不会懂得处理各种关系的力量有多大。

其实,一个人,无论他处于怎样的生活环境下,他都有可能遇到各种各样的挫折,如生病、学业问题、婚恋问题等,挫折的产生是不以人的意志为转移的,谁也不能逃离挫折的侵袭。尽管人们并不希望自己的生活中出现挫折。为什么挫折不可避免而具有必然性呢?这是因为人的力量是有限的,谁都不可能一次性解决一生中出现的所有问题。显然,在挫折面前,垂头丧气是于事无补的,我们要做的,除了要坦然面对外,能改变的,只有自己的心。

著名哲学家苏格拉底说过:这个世界上有两种人,一种是快乐的猪,一种是痛苦的人。意思是说这个世界上有许多人,他的人生就希望享受,有一天过一天,今朝有酒今朝醉。但是渴望成功的每一个人都必须做好痛苦的准备,要获得幸福,获得快乐,没有痛苦的思想准备是很难实现的。

事实上,人们驾驭生活的能力,是从困境生活中磨砺出来的。和世间任何事情一样，苦难也具有两重性。一方面它是障碍，要排除它必须花费更多的力量和时间；另一方面它又是一种动力，在解决它的过程中能够使人更好地锻炼提高。

有这样一个小故事：有两个孩子比赛谁先跑到各自的妈妈身边。可在途中，两个孩子先后摔倒。其中一个妈妈立刻跑过去安慰那个孩子，摸摸头又抱在怀里，那孩子反而哭得更凶。而另一个妈妈呢，她只是站在原地鼓励孩子继续跑过来。孩子摇摇晃晃站起来，终于跑到了妈妈身边，露出甜甜的笑。这两个母亲的做法孰是孰非？前者是放大了困难，后者则鼓励孩子克服了困难。

可见，有时候，挫折的出现并不是坏事，它能让一个人变得强大。这个简单的道理我们每个人都懂，但说到畏惧困难，似乎那些刚出世没多久的小孩反倒比大人勇敢。孩子们敢和鳄鱼拥抱，和巨蟒共舞。因为无惧，所以无畏。

对于青少年朋友来说，你的人生才刚刚开始，在今后的生活和学习中，你难免会遇到各种各样的挫折。面对挫折，你不妨把它当成一次考验你的机会，因此，你不必惊慌失措，也不必难过，只要心中能具有不怕输的勇气，对自己说："我能行！"那么，你就一定能够站起来，笑到最后，你也将笑得最美。

有这样一个故事：

很久以前，有一个养蚌人，他很想培育出一颗世界上最大最美的珍珠。于是，他去大海的沙滩上挑选沙粒，而且一一地询问它们："愿不愿意变成珍珠？"那些被问到的沙粒，一一都摇头说:"不愿意。"就这样,养蚌人从早上问到晚上,得到的都是同样一句话:"不愿意。"听到这样的答案,他快要绝望了。

就在这时,有一颗沙粒答应了,因为它的梦想就是成为一颗珍珠。旁边的沙粒都嘲笑它:"你真傻,去蚌壳里住,远离亲人和朋友,见不到阳光雨露,明月清风,甚至还缺少空气,只能与黑暗、潮湿、寒冷、孤寂为伍,多么不值得!"但是,那颗沙粒还是无怨无悔地跟着养蚌人走了。

斗转星移,多年过去了,那颗沙粒已经成为了一颗晶莹剔透、价值连城的珍珠,而那些曾经嘲笑它的伙伴们,有的依然是沙滩上平凡的沙粒,有的已经化为了尘埃。

如果说这世上有"点石成金术"的话,那就是"艰辛"。你忍耐着,坚持着,当走完黑暗与苦难的隧道之后,就会惊讶地发现,平凡如沙子的你,不知不觉中已长成了一颗珍珠。

因此,每一个青少年都应该记住:逆境总是吞噬意志薄弱的失败者,而常常造就毅力超群的事业成功者。磨难是魔鬼,它夺走了你的光明。磨难也是天使,它是一座深不可测的宝藏。要在逆境中赶走魔鬼、拥抱天使,最重要的美德就是坚韧。

哈佛启示

人生中,困难和危险无处不在、无时不有。一个真正的生活的强者,才有战胜困难、夺取成功的希望。这告诉所有处于成长期的青少年,一定要敢于乘风破浪,才能让困难成为垫脚石。因为人一旦失去了尝试的勇气,就失去了所有的一切!

杜利奥定律:任何挫折都不能熄灭青少年的热情

一个人是否强大,主要是看其心态。一个人在挫折面前,如果能做到积极面对,始终不失战胜困难的热情,那么,他就是真正的强者,他就能成功。

生活中,我们总是祝福他人"万事如意",然而,这也只是美好的愿望,人生路上,挫折是难免的,人生的起起落落也是难以预料的。但无论如何,我们都要记住一点:永不绝望。青少年朋友们,你也要记住这一四字箴言。在未来的人生路上,你也可能会遇到逆境,但无论如何,都不要沮丧,无论你遇到多大的挫折,也不要沉溺于其中不能自拔。当挫折出现时,你一定要告诉自己:"我能战胜挫折。"始终保持积极向上的态度,你就能走出逆境。

哈佛告诉学生:每个人在某个时刻都会面临绝境,但它往往并不是真正的生命绝境,而是一种精神和信念的绝境。只要你的精神不垮,在绝望中,也能找到希望之花!

的确,哈佛人也会遇到挫折,他们之所以能实现卓越,是因为他们心中始终燃烧着希望之花。

心理学家曾指出:乐观能使人们处于放松、自信的状态,能使人们看到积极、阳光的一面,也能发现新的一面,而不是自暴自弃或怨天尤人。关于这一点,美国自然科学家、作家杜利奥提出:"没有什么比失去热忱更使人觉得垂垂老矣。"这一观点被人称为"杜利奥定律"。

这一定律告诉人们,一个人心态上是积极的还是消极的,就决定了其生活是光明的还是灰暗的。可见,当人生的不幸来临时,积极的心态是一个人战胜一切艰难困苦,走向成功的推进器。积极的心态,能够激发我们自身的所有聪明才智;而消极的心态,就像蛛网缠住昆虫的翅膀、脚足一样,束缚人们才华的光辉。

雨后,一只蜘蛛艰难地向墙上已经支离破碎的网爬去,由于墙壁潮湿,它爬到一定的高度,就会掉下来,它一次次地向上爬,一次次地又掉下来……第一个人看到了,他叹了一口气,自言自语:"我的一生不正如这只蜘蛛吗?忙忙碌碌而无所得。"于是,他日渐消沉。第二个人看到了,他说:"这只蜘蛛真愚蠢,为什么不从旁边干燥的地方绕一下爬上去?我以后可不能像它那样愚蠢。"于是,他变得聪明起来。第三个人看到了,他立刻被蜘蛛屡败屡战的精神感动了。于是,他变得坚强起来。

的确,对待同一样事物,每个人的看法不同是很正常的事。就像人也有两面性一样,问题在于我们自己怎样去审视,怎样去选择。面对太阳,你眼前是一片光明;背对太阳,你看到的是自己的阴影。

青少年朋友们,要是你想知道怎样将在厨房水池边洗碗变成一次难得的人生经历，那么请你读一读波姬·戴尔的《我希望能看见》：

这个女人几乎失明了50年，她在书中说道："我只有一只满是疮疤的眼睛，只能靠眼睛左边的小洞来观察世界。我看书的时候，必须把书贴近脸，然后努力把眼睛往左边斜。"就是这样一个可怜的人，她拒绝别人的怜悯，不要别人以为自己跟别人有什么不同。她小时候渴望跟其他孩子一样玩跳房子，但由于看不见地上的线，不得不在她们回家后趴在地上，将眼睛贴到线上看来看去，牢牢记住玩的地方，不久她就成了跳房子的高手。

读书的时候，她把大字印的书紧紧贴在自己脸上，不管眉毛碰到书了没有——就是她，得到了常人所不能的两个学位：明尼苏达州州立大学学士学位和哥伦比亚大学硕士学位。在明尼苏达州双谷的一个小村子里时，她就开始了自己的教书生涯，通过不断的努力，她成为了南达科他州奥格塔那学院新闻学和文学教授。她在那里教书13年，工作之余还在一些妇女俱乐部发表演说，还到一家电台主持读书节目。她写道："我脑海深处，常常怀着完全失明的恐惧。为了打消这种恐惧，我采取了一种快活而近乎游戏的生活态度。" 奇迹总会发生的，1943年，在她52岁的时候，通过手术，她的视力提高了40倍。

当一个全新的世界呈现在她的面前时，她发现这个世界是这么的可爱，这么令人兴奋，哪怕让自己永远在厨房水池前洗碟子，只要能看到这个世界，她也是开心的。她继续写道："我会玩洗碗盆里的肥皂泡。伸手进去，抓起一把泡泡，迎着光举起来，每个肥皂泡泡里，我都能看见小小的彩虹散发出灿烂的色彩。"

总之，积极的心态使人看到希望，使人保持进取的旺盛斗志。消极心态使人沮丧、失望，限制和扼杀自己的潜能。积极的心态创造人生，消极的心态消耗人生。积极的心态是成功的起点，消极的心态是失败的源泉。如果你想成功，想把美梦变成现实，就必须摒弃这种扼杀你的潜能、摧毁你希望的消极心态。

哈佛启示

成功和失败之间的区别在于心态的差异：成功者着意亮化积极的一面，失败者总是沉迷消极的一面。心态是个人的选择，有成功心态者处处都能发觉成功的力量。因此，青少年朋友们，在人生路上，无论你遇到怎样的挫折，你都要积极面对。选择了积极的心态，就等于选择了成功的希望。

习惯性无助：青少年面对挫折要积极主动

心理暗示的作用是巨大的，如果经受了某个挫折就断然给自己下结论"我不行"，就是给自己一个消极的心理暗示，时间长了，就真的会习惯性地说"我不行"。

生活中，我们经常听到一些青少年在学习成绩不佳时这样说："算了，就这样吧，没用的""听天由命吧"……这种消极、自卑的心理是他们在学习上积极进取的最大杀手。对此，作为青少年自身，你一定要摆脱这种无助感，只有这样，你才能真正重拾自信。关于这一点，心理学上有个著名的名词——"习惯性无助"。

"习惯性无助"是美国心理学家塞利格曼1967年在研究动物时提出的。

他用狗做了一项实验，他先把狗关进笼子里，当准备好的蜂音器一响，就电击笼子里的狗，狗关在笼子里只能呻吟和颤抖。

就这样重复了几次之后，当他再一次打开蜂音器后，他在电击之前将笼子的门打开，但奇怪的是，狗居然没有夺门而出，而是在电击之前一听蜂音器响就呈现出痛苦状。原本这只狗可以主动地离开笼子，免除这种痛苦，但它却没有选择离开笼子。心理学家们把这种在受到多次挫折之后产生的对情境的无能为力感叫作习惯性无助或习惯性绝望感。

那么，"习惯性无助"又是怎样发生的呢？原因很简单，当一个人总是经受失败和打击，体验到的成功太少时，或者根本没有尝到成功的滋味，那么，他就会形成一种无助感、自卑、失望、悲观，甚至对自我价值的认知也是消极的。

习惯性无助是一种常见的心理现象，它不仅发生在成人当中，在青少年朋友中也普遍存在。比如，有些学生之所以对学习提不起兴趣，一到上课就睡觉，甚至厌学、逃学，其中很大一部分原因就在于学习上的"习惯性无助"。

为此，在学习的过程中，哈佛经常警告自己的学生：一旦沾

管好自己我可以

染上"习惯性无助",人就会给自己的心筑起一道永远无法逾越的墙,他们会坚信自己无能为力,从而放弃任何努力,最后导致失败。哈佛大学教授罗伯特曾经遇到这样一件事:

这天,他接到一个正在读高中女孩的电话,电话里,女孩带着哭腔说:"我真的什么都不行!"

罗伯特很快感受到女孩痛苦、压抑的心情,于是,他亲切地问道:"真的是这样吗?"

女孩好像对自己特别失望:"是的,在学校,我不善于和人打交道,同学们都不喜欢我。我成绩不好,老师也从不正眼看我。妈妈很辛苦地供我读书,希望我能出人头地,但我的考试成绩却一次次地让她失望,就连我喜欢的男孩子也不喜欢我,你说我是不是很失败,我现在都不知道接下来的路该怎么走了……"

罗伯特教授追问:"是这样啊,那你为什么要给我打这个电话呢?"

女孩继续说:"我也不清楚,也许是我压抑得太久了,想找个人去倾诉吧,这样也许会好过点。"

罗伯特明白,这个女孩的问题正在于——习惯性无助,却又缺乏鼓励。假如一个人长时间在挫折里得不到鼓励与肯定,就会逐渐养成自我否定的习惯。

接着,罗伯特教授说:"可是从我们这一段简短的对话中,我发现你真的有很多优点:你善良、懂事、逻辑思维能力和语言表达能力都很好。我真是不明白你为什么会觉得自己什么都不行?"

女孩好像很惊讶，她问："是吗？这都能算优点？那为什么没有人告诉过我呢？"

罗伯特教授回答："那么，请记住我的话，从今天开始，你每天都要记下自己的一些优点，最少要写十条，然后大声地念出来。还有，如果发现了自己新的优点，一定要补充上。"

后来，罗伯特教授在课堂上就这一事例告诉学生："可能在你们中间，也有一些人像我遇到的这个女孩一样，在经历过一些挫折之后，便开始自我否定，认为自己什么都不行。我希望从今天开始，你们每个人都要积极地认识自我，摆脱这种习惯性无助，你才能真正变得坚强。"

的确，正如罗伯特教授所说的，人们的受挫能力是有一定极限的，人们在经受了长期的挫折影响后，便容易对自己的能力产生怀疑，对失败的恐惧远远大于对成功的希望。但无论如何，青少年朋友，你都要避免这样的心态，正确评价自我，才能树立自信心，走出困境，成为一个坚强的人。具体说来，在日常生活中，你需要做到以下几点：

1. 不要总是和其他人比

如果你总是拿自己的短处和他人的长处比，你就很容易产生自我否定的情绪，给自己造成心理压力，认为自己真的比别人差、比别人笨，于是形成恶性循环。

2. 客观评价自己

人无完人，一个人对自己的评价应该是客观的，不仅包括自己的不足，还包括自己的长处，正如罗伯特教授所指点的那样，一个人要摆脱习惯性无助，首先要正确认识自我，多看自己的优点。

3. 体验成功，摆脱无助感

青少年阶段的你们都是充满好奇心的，对什么都想尝试一下，对此，你不妨多去做一些成功率高的事，这样，在成功的体验中，你能逐渐树立自信心，排除挫折，进而远离无助感。

哈佛启示

人们在经受了多次的失败和挫折后，很容易有习惯性无助的心理，对此，在挫折面前，每一个青少年都应该谨防习惯性无助，以积极的心态看待挫折，摆脱无助心理，你才能真正成长为一个坚强的人。

"下坡容易"定律：每个青少年都要严于律己

随时警惕自己的行为，严格要求自己，不要放纵自己而踏上贪图享乐之路，对此，无论是成大事者，还是普通人，都应该学会自制。

生活中，可能我们都有这样的体验，在上坡时，我们觉得很吃力，但下坡却很容易。其实，人生也有"上坡"和"下坡"，"上坡"就好比"学好的过程"；而"下坡"就好比"学坏的过程"，于是就有了人们常说的"学坏容易学好难"。的确，一个人，要想养成好的习惯、做到严守纪律远比犯错误要简单得多，这就是著名的"下坡容易定律"。

那么，人为什么学坏容易学好难呢？人类学家是这样解释的：人虽然是高级动物，但还并未摆脱动物攻击、放纵、破坏的本能，如果没有意志力的控制，这些本能随时会爆发出来。相反，很多优良行为，比如，讲信用、爱干净、勤奋、好学等，则是人类特有的行为，是需要人们刻意培养才能形成的，而在培养优良行为的时候，人需要对自己的本能加以约束，因而就会比较困难。

因此，哈佛告诉它的学生们，一个人要想征服世界，首先就要征服自己。这正如中国古人所说："天将降大任于斯人也，必先苦其心志，劳其筋骨，饿其体肤，空乏其身，行拂乱其所为，所以动心忍性，增益其所不能。"那些成大事者，都能做到严格要求自己，都有"动心忍性"的自制力，使其能守得云开见月明，走出逆境。

所谓严格要求自己，其实就是自律，就是自我管理、自我控制；自律就是战胜自我、超越自我。金无足赤，人无完人，人最大的敌人是自己。只有能够战胜自我的人，才是真正的强者。

同时，自律对于成长期的青少年朋友来说也显得尤为重要。在你们的学习和生活中，自律在很多方面都发挥着巨大的作用：它能督促自己去完成应当完成的学习任务；能抑制自己的不良行为。相反，如果没有或缺少自我控制，不良的行为和情绪就会反过来控制你，你将失去意志力、信心、执着和乐观，失去获得成功的机会，甚至会偏离人生的方向，误入歧途。曾经有个"不抽烟的球王"的故事：

巴西球员贝利，被人们称为"世界球王""黑珍珠"，在很小的时候，他对足球就表现出惊人的才华。

那次，贝利和他的同伴们刚踢完一场足球赛，已经筋疲力尽的他找小伙伴要了一支烟，并得意地吸了起来。然而，这一切都被他的父亲看在眼里了，父亲很不高兴。

晚饭后，父亲把正在看电视的贝利叫过来，很严肃地问："你今天抽烟了？"

"抽了。"贝利知道自己做错了事，但也不敢不承认。

但令他奇怪的是，父亲并没有发火，而是站了起来，在房间里来回踱步，接着说："孩子，你踢球有几分天资，也许将来会有出息。可惜，抽烟会损害身体，你若现在开始抽烟，会使你在比赛时发挥不出应有的水平。"

听到父亲这么说，小贝利的头更低了。

父亲语重心长地接着说："虽然作为父亲的我，有责任也有义务教育你，但真正主导你人生的是你自己，我只想问问你，你是想继续抽烟还是做一个有出息的足球运动员呢？孩子，你已经长大了，该懂得如何选择了。"说着，父亲还从口袋里掏出一沓钞票递给贝利，并说道："如果你不想做球员了，那么，这笔钱就拿给你做抽烟的经费吧！"父亲说完便走了出去。

看着父亲的背影，贝利哭了，他知道父亲的话有多大的分量。他猛然醒悟了，他拿起桌上的钞票还给了父亲，并坚决地说："爸爸，我再也不抽烟了，我一定要当个有出息的运动员。"

从此以后，贝利再也不抽烟了，不但如此，他还把大部分时间都花在刻苦训练上，球艺飞速提高。15岁参加桑托斯职业足球队，16岁进入巴西国家队，并为巴西队永久占有"女神杯"立下奇功。如今，贝利已成为拥有众多企业的富翁，但他仍然不抽烟。

欲胜人者先自胜！胜人者有力，自胜者强。谁征服了自己，谁就取得了胜利。对自己苛刻，征服自己的一切弱点，正是一个人伟大的起始。大凡成功的人，都有极强的自制力。

当然，做到严格要求自己是需要一种自制力的，而自制力的培养是一个循序渐进的过程，因为自制力不可能是一念之间产生的，也不是下定决心就可以立时形成的，其形成需要一个过程。如果你给自己规定从明天开始就要好好学习，一旦达不到目标你就会产生挫折感和无能感，丧失改变自己的信心。所以，你应把培养自制力融入日常生活中，而不要期望一蹴而就。

要想做到严格自己，青少年朋友们，你需要做到以下两点：

1. 认识到自律的重要

你要培养坚定的自制力，首先要从心里认识到自律的重要，然后才能自觉地培养。只有坚决地约束自己、战胜自己，最终才能战胜困难，取得成功。

2. 为自己设立适宜的目标

你的自我期望要建立在符合自己的实际情况、切实可行的基础之上。作为未来社会的接班人，你应该有理想、有志向，但这种理想和志向，不能是高不可攀的，也不应当是唾手可得的，而应该是通过一定的努力，可以实现的适宜的目标，应该符合个人的个性特点和实际能力水平。

哈佛启示

"下坡容易定律"告诉所有青少年朋友，你我遇到的最强大的对手往往不是别人，而是自己。你只有做到严格要求自己、约束自己，才能抵制来自外界的各种诱惑，才能不断克服陋习、完善自己，才能平平安安地走好自己的人生之路。

面对困难和挫折，青少年一定要勇往直前

挫折其实没那么可怕，它是欺软怕硬的，你越畏惧它，它越威吓你；你越不将它放在眼里，它越对你表示恭顺。

在人生道路上，困难和挫折是难免的，谁也不可能事事顺心，但是有一点我们一定要牢牢记住：将困难置于渺小的境地，你在心态上就战胜了困难。反过来，内心畏惧只会加大你克服挫折的难度。

对于诸多从哈佛毕业、在人生的道路上开创一番事业的

人，他们都深深体会过挫折、苦难对人生的历练。但哈佛人不相信眼泪，也不需要眼泪和抱怨，而需要付出汗水和坚韧。

哈佛人坚信：如果在连续多次跌倒之后，一个人还能充满斗志不言放弃，那他就是一个值得敬佩的人，也定是一个有所作为的人。

任何一个青少年朋友，在挫折面前都应该和哈佛人一样毫不畏惧，你要有勇气直面困难、打倒困难，以顽强的意志战胜困难。

"要战胜别人，首先须战胜自己。"这是智者的座右铭。有时候，我们的敌人不是挫折，不是失败，而是我们自己。如果你认为你会失败，那你就已经失败了，说自己不行的人，爱给自己说丧气话，遇到困难和挫折，他们总是为自己寻找退却的借口，殊不知，这些话正是自己打败自己的最强有力的武器。一个人，只有把潜藏在身上的自信挖掘出来，时刻保持强烈的自信心，困难才会被我们打败，成功者之所以成功，是因为他与别人共处逆境时，别人失去了信心，他却下决心实现自己的目标。

曾经有一个叫卡兰德的军官。有一次，卡兰德在纽约的一个漂亮饭店里，看着善游泳的朋友们在阳光下嬉戏，忽然有一种不舒服的感觉涌上心头。卡兰德告诉他们，自己怕晒黑，所以不想下水。朋友们笑着怂恿他："不要因为怕水，你就永远不去游泳……"

阳光照在他们水滑滑、光亮亮的肌肤上，他们像海豚一样骄傲地嬉戏着,而卡兰德其实并不想躲在阴影里看着他们的快乐。他觉得自己是个懦夫。

一个月后,朋友邀卡兰德到一个温泉度假中心,他鼓足勇气下水了。卡兰德发现自己没有想象中那么无能,但他不敢游到水深的地方。

"试试看,"朋友和蔼地对他说,"让自己灭顶,看会不会沉下去!"

于是,卡兰德试了一下。朋友说的没错,在我们意识清醒的状态下,想要沉下去、摸到池底还真的不可能。真是奇妙的体验!

"看,你根本淹不死。沉不下去,为什么要害怕呢?"

卡兰德上了一课,若有所悟。从那天起,他不再怕水,虽然目前不算是游泳健将,但游个四五百米是不成问题的。

和卡兰德一样,青少年朋友们,当你遇到困难时,你也可以克服恐惧。"现实中的恐怖,远比不上想象中的恐怖那么可怕"。当你遇到困难时,理所当然,你会考虑到事情的难度所在,如此,你便会产生恐惧,会将原本的困难放大。但实际上,假如你能减少思考困难的时间,并着手解决手上的困难,你会发现,事情远比你想象中简单得多。那些成功的人士,都是靠勇敢面对多数人所畏惧的事物,才出人头地的。美国著名拳击教练达马托曾经说过:"英雄和懦夫同样会感到畏惧,只是二者对畏惧的反应不同而已。"

欠缺自信的人,将终日和恐怖结伴为邻。而越是被恐怖的乌云所笼罩，自我肯定的机会也就越是渺茫。美国总统罗斯福曾说过一句名言："我们唯一值得恐惧的就是恐惧本身，那会让我们莫名其妙地胆怯，会让我们为前进所付出的努力付诸东流。"

人们恐惧的表现之一通常是躲避，而试图逃避只会使得这种恐惧加倍。任何人只要去做他所恐惧的事，并持续地做下去，直到有获得成功的纪录做后盾，他便能克服恐惧。既然困难不能凭空消失，那就要勇敢去克服吧！

要克服困难带给你的恐惧，你一定要有自信。马克思说："自暴自弃，这是一条永远腐蚀和啃噬着心灵的毒蛇，它吸走心灵的新鲜血液，并在其中注入厌世和绝望的毒汁。"自信心的确具有无可比拟的重要作用，许多人之所以失败，不是因为失败打败了他们，而是他们自己打败了自己，失败后的自卑心使得他们不敢争取，他们让自己陷入了自卑的情绪之中。这正如莎士比亚所说："假使我们自己将自己比作泥土，那就真要成为别人践踏的东西了。"如果你认为你会失败，那你就已经失败了。

哈佛启示

坚强的人，即使是面对再多的失败和挫折也阻挡不了他前进的脚步。我们所谓的困难并没有那么可怕，我们之所以不敢勇敢跨出一步，是因为我们内心的恐惧在作怪。恐惧将困难放大，就会压倒我们自己；而如果我们勇敢一点，打倒恐惧，我们会发现，原来，所谓的困难只不过是只纸老虎。

第7章 青少年永远相信自己，信念具有无坚不摧的力量

哈佛告诉学生，信心是一种态度，更有一种魔力，常使"不可能"消失于"无形"。每一个青少年，都要学会为自己喝彩，给自己鼓励和信心，这样，你才能冲出自我设限的牢笼，激发出自己的潜能，才能够成为翱翔人生天空的雄鹰，并且也能不断地让人生有更美好的发展！

杜根定律：青少年要坚信自信的力量

自信，使不可能成为可能，使可能成为现实。不自信却使可能变成不可能。一分自信，一分成功；十分自信，十分成功。

D.杜根是美国橄榄球联合会前主席，他曾经提出这样一个说法：强者未必是胜利者，而胜利迟早都属于有信心的人。换句话说，你若认为自己是最棒的，那么，你就是最棒的，只要你有自信。这就是心理学上的"杜根定律"。

从心理学的角度来说，信心可以决定一个人的成败。假如这个人是自卑的，那自卑就会扼杀他的聪明才智，消磨他的意志。

美国的哈佛大学进行了一次调查，一个人胜任一件事，有85%取决于他的态度，15%取决于他的智力。如果他自信，事

情肯定会办好。我们都知道，自信是对自己的高度肯定，是成功的基石，是一种发自内心的强烈信念。我们需要自信，无论在生活还是工作中，一个自信的人，常看到事情的光明面。

同样，青少年朋友们，你也应该培养自信心，自信的人到哪里都光彩夺目，为此，你要告诉自己：我是最棒的，拥有这样的信念，无论何时，你都能有优秀的表现，都能挖掘出你意识不到的潜力。

一位音乐系的学生走进练习室。在钢琴上，摆着一份全新的乐谱。

"超高难度……"他翻着乐谱，喃喃自语，感觉自己对弹奏钢琴的信心似乎跌到谷底，消靡殆尽。已经三个月了！自从跟了这位新的指导教授之后，不知道为什么教授要以这种方式整人。勉强打起精神，他开始用自己的十指奋战、奋战、奋战……琴音盖住了教室外面教授走来的脚步声。

指导教授是个极其有名的音乐大师。授课的第一天，他给自己的新学生一份乐谱。"试试看吧！"他说。乐谱的难度颇高，学生弹得生涩僵滞、错误百出。"还不成熟，回去好好练习！"教授在下课时，如此叮嘱学生。

学生练习了一个星期，第二周上课时正准备让教授验收，没想到教授又给他一份难度更高的乐谱，"试试看吧！"上星期的课教授也没提。学生再次挣扎于更高难度的技巧挑战。

第三周，更难的乐谱又出现了。这样的情形持续着，学生每次在课堂上都被一份新的乐谱所困扰，然后把它带回去练习，接着再回到课堂上，重新面临两倍难度的乐谱，却怎么样都追不上进度，一点也没有因为上周练习而有驾轻就熟的感觉，学生感到越来越不安、越来越沮丧和气馁。教授走进练习室。学生再也忍不住了。他必须向钢琴大师提出这三个月来何以不断折磨自己的质疑。

教授没开口，他抽出最早的那份乐谱，交给了学生。"弹奏吧！"他以坚定的目光望着学生。

不可思议的事情发生了，连学生自己都惊讶万分，他居然可以将这首曲子弹奏得如此美妙、如此精湛！教授又让学生试了第二堂课的乐谱。学生依然呈现出超高水准的表现……演奏结束后，学生怔怔地望着老师，说不出话来。

"如果，我任由你表现最擅长的部分，可能你还在练习最早的那份乐谱，就不会有现在这样的程度……"钢琴大师缓缓地说。

从这个故事中，我们发现，我们原以为自己只习惯在自己熟悉的领域表现自己的能力并驾轻就熟，而事实上，如果我们自信一点，并能将那些压力转化为动力，那么，我们便能挖掘出无限的潜力，甚至可以超水平发挥！曾经有位军人这样说："我打了那么多次胜仗，其实说起来毫无秘密，因为我总能看到希望。"这就是信念的力量。

"自信就是成功的第一秘诀。"哈佛学子爱默生的这句话曾鼓舞了无数学子在求学和创业的道路上披荆斩棘，取得非凡的成绩。

这句话也告诉所有青少年朋友，人的潜力是无穷的，如果你对自己有足够的信心,你就会发现自己原来拥有这样的潜力,原来自己可以做到许多事情,如果你想有个辉煌的人生,那就把自己扮演成你心里所想的那个人,让一个积极向上的自我意象时时伴随着自己。

中国古语说:人皆可以为舜尧。意思是说,只要你树立必胜的信心,就能够战胜任何困难,成为杰出的人。当你失去自信的时候,你就难做好什么,当你什么也做不好时,你就更加不自信,这是恶性循环。若想从这种恶性循环中摆脱出来,重建自信心,我们不妨先从最有把握做好的事情做起,用不断取得的成功来建立我们的自信心。

的确,无论做什么事,都有可能遇到困难,在困难面前,大部分人会选择放弃,而只有少数人还能坚持到最后的原因是因为他们坚定地相信自己坚持下去就一定会取得最后的成功,而大多数人却因为暂时的困难和挫折蒙蔽了自己看到希望的眼睛!

当然,对于青少年阶段的你来说,你最大的任务就是学习,然而,学习也并不是一件轻松的事,你会承受来自各方面的压力,你可能怀疑自己,读书真的那么重要吗?你也想过放弃,但你必须坚持下去。在给自己制订学习计划的过程中,你也要给自己打气,按部就班地完成每个阶段的学习任务,那么,你就能取得好成绩。

哈佛启示

成功者自信,失意者自卑。一个人只要有自信,那么他就能成为他所希望成为的人。青少年朋友们，无论你想成为什么样的人，从现在起，只要你不断积累信心，然后朝着目标奋进，你就能成功！

自信心效应：青少年满怀信念，让信念指引脚下的路

信心是蕴藏于生命中的伟大力量，是创造成功的奇迹，是立身立业不可缺少的保障。只要有信心，你就能移动一座山；只要你相信自己会成功，你就一定能成功。

很多成功者在谈及自己的成功秘诀时都会说："信心。"的确，自信是对自己的高度肯定，是成功的基石，是一种发自内心的强烈信念。哈佛告诉学生：自信是成功的助燃剂，一个人自信多一分，成功就多一分。

哈佛的学生明白，人生之路犹如河流入海一样，不会是一帆风顺、一路坦荡，总是要经历风风雨雨，坎坎坷坷。那些成功的人在面对人生低谷的时候，总是能够心底坦然，不屈服于挫折，勇于做一个承受痛苦、奋斗不息的人，以百折不挠的精神，继续奋力前行。

在哈佛的课堂上，每个学生都会听到关于爱迪生的故事。

他曾经长时间专注于一项发明。对此，一位记者不解地问："爱迪生先生，到目前为止，你已经失败了一万次了，您

是怎么想的？"

爱迪生回答说："年轻人，我不得不更正一下你的观点，我并不是失败了一万次，而是发现了一万种行不通的方法。"

正是怀着这份自信，爱迪生最后成功了：在发明电灯时，他也尝试了一万四千种方法，尽管这些方法一直行不通，但他没有放弃，而是一直做下去，直到发现了一种可行的方法为止。

其实，那些成功者的经历，正是心理学的"自信心效应"。

威尔逊有句名言："要有自信，然后全力以赴！假如具有这种观念，任何事情十之八九都能成功。"

青少年朋友们，虽然你现下的主要任务是学习，但你应该培养自己自信的性格，你要记住，没有什么不可能，只有不相信。从现在起，无论做什么事，只要你相信自己，你就能达到目标。比如，如果你下决心取得好成绩，并付诸实施，找到好的学习方法，你必定会有所进步。如果你为自己种下梦想的种子，相信自己能做到，那么，你的未来就是灿烂的。

然而，不得不承认，生活中，一些青少年是软弱的，有时候，他们还未做一件事，就已经考虑到失败的结果，必然会导致内在潜能得不到充分的调动与发挥。要避免与摆脱这种心理上的失衡，就必须时时表现出一种强者的风范，敢于面对困难与挫折，并始终怀着必胜的信念去克服、战胜困难，坚定不移地朝着成功的目标迈进。因而有意识地培养自己的"强者"意识，可以说，这是渡过心理危机的良方。

这是发生在非洲的一个真实的故事。

管好自己我可以

在一个矿井里，6名矿工正在采煤，突然，一声巨响，矿井坍塌了，出口完全被堵住了。

这6名矿工顿时不知所措，陷入慌乱之中，但很快，他们平静下来了，他们一言不发，地下工作的经验告诉他们，他们面临的最大问题就是缺乏氧气，井下的空气还能维持3个多小时，最多3个半小时，而且，这是在应对得当的情况下。他们想，因为矿井坍塌，矿井上方的人应该已经知道了这件事，他们要想获救，上面的人就必须重新打眼钻井才能找到他们。但是，在空气用完之前他们能获救吗？所以，这些矿工们决定尽一切努力节省氧气，于是，他们全部躺在地上了，以减少体力消耗。

这3个小时一下子成为这6名矿工一生中最难熬的时间，他们中间，只有一个人佩戴了手表，他也成为了大家的焦点：过了多长时间了？还有多长时间？现在几点了？大家都不停地问他。时间被拉长了，在他们看来，2分钟的时间就像1个小时一样，每听到一次回答，他们就感到更加绝望。

领头的工人突然发现，如果大家都这样焦虑下去，那么，还没等到走出矿井，就因为呼吸急促缺氧而丧命了。所以，他要求由戴表的人来掌握时间，每半小时通报一次，其他人一律不许再提问。大家遵守了命令。当第一个半小时过去的时候，这人就说："过了半小时了。"

戴表的人发现，随着时间慢慢过去，通知大家最后期限的临近也越来越艰难。于是他擅自决定不让大家死得那么痛苦，他在第二个半小时的时候，没有通知大家时间，而是又过了45分钟,而此时,大家是那么的相信他,谁也没有怀疑。这样,又过了1个小时,他还是说:"又是半个小时过去了。"另外5人各自都在心里计算着自己还有多少时间。表针继续走着,再每过一小时大家都收到一次时间通报。

外面的人加快了营救工作,他们知道被困矿工所处的位置,他们很难在4个小时之内救出他们。4个半小时到了,最可能发生的情况是找到6名矿工的尸体。但他们发现其中5人还活着,只有一个人窒息而死,他就是那个戴表的人。

在这种情况下,人们本能的求生意识被激发,原本只能维持3个半小时生命的矿工们居然坚持了4个半小时,这就是信心的力量。而那位戴表的矿工在时间逝去的提醒下,丧失了信心,"哀莫大于心死",他是被内心的恐惧打败了。"人生最重要的才能,第一是无所畏惧,第二是无所畏惧,第三还是无所畏惧。"这五名矿工之所以能活下来,再次证明了这个道理。信心能使人们具备顽强的意志力,并可能会"起死回生"。

看完这则故事,青少年朋友们,你是不是有所启发呢?也许生活中,你不会遇到这样的情况,但你必须明白,信心的力量是无穷的。

哈佛启示

对于青少年朋友来说,正处于性格形成阶段的你们更需要自信,做一个自信的人,你才能常看到事情的光明面,才能产生积极的正能量,那么,就没有什么是做不到的。

管好自己我可以

跳蚤效应：青少年要善于突破自我

在哈佛大学的课堂上，生物学家曾经做过这样一个实验：

把跳蚤放在桌子上，然后拍打桌子，此时，跳蚤会奋身跳起，甚至能跳到高于它身高好几倍的高度。接下来，生物学家把跳蚤放在一个玻璃罩内，再让它跳，跳蚤碰到玻璃罩弹了回来。生物学家开始连续地敲打桌子，跳蚤连续地被玻璃罩撞到头，后来，聪明的跳蚤为了避免这一点，在跳的时候，高度总是低于玻璃罩顶的高度。生物学家再逐渐降低玻璃罩的高度，跳蚤总是在碰壁后跳得低一点。最后，当玻璃罩接近桌面时，跳蚤已无法再跳。随后，生物学家移开玻璃罩，再拍桌子，跳蚤还是不跳。这时，跳蚤的跳高能力已经完全丧失了。

为什么会有这样的现象呢？其实这是一种思维定势下的表现。玻璃罩内的跳蚤，会产生这样一种想法：我再跳高了还会碰壁。于是，为了适应环境，它会自动地降低自己跳跃的高度。于是，和刚开始的"跳蚤冠军"相比，它的信心逐渐丧失，在失败面前变得习惯、麻木了。更可悲的是，桌面上的玻璃罩已经被生物学家移走，它却再也没有跳跃的勇气了。

行动的欲望和潜能被自己的消极思维定势扼杀，科学家把这种现象称为"自我设限"，也就是"跳蚤效应"。

跳蚤调节了自己跳的目标高度，而且适应了它，不再改变。其实，人何尝不是如此呢？很多人不敢去追求梦想，不是追不到,而是因为心里就默认了一个"高度"。这个"高度"常常使他们受限,看不到未来确切的努力方向。作为人类,有什么样的目标就有什么样的人生。

同样,作为青少年朋友,在追求人生梦想的过程,你也一定要记住,梦想有多大,舞台就有多大,无论将来你取得什么样的成绩,你都不要给自己设限,只有这样,才能做到自我突破,将自己的潜能激发出来。

人生不能没有目标,如果没有目标,你就会像一只黑夜中找不到灯塔的航船,在茫茫大海中迷失了方向,只能随波逐流,达不到岸边,甚至会触礁而毁。而有了正确的目标,你这艘航船就会朝着它开足马力,乘风破浪,直到终点。

哈佛告诉学生,成功者之所以能成功,是因为他们有强烈的成功的愿望,他们相信自己能成功,于是,他们有无穷的力量,在追求目标时能做到不遗余力。而失败者之所以失败,并不是因为他们追求不到成功,而是因为他们已经在心里给自己默认了一个高度,他们认为自己根本无法突破,于是,他们常常暗示自己"不可能""我做不到"。事实上,心理高度是很多人无法取得成功的根本原因。

1952年7月4日的清晨,浓浓大雾笼罩整个海岸,一位34岁的妇女,从海岸以西21英里的卡塔林纳岛上涉水下到太平洋中,开始向加州海岸游过去。这次,如果她成功了,她就是第一个游过这个海峡的妇女,这名妇女叫费罗伦丝·查德威克。在此之前,她是从英法两边海岸游过英吉利海峡的第一个妇女。

管好自己我可以

她奋力地游着,当时,雾很大,海水冻得她身体发抖,她几乎看不到护送她的船。时间慢慢前行,千千万万的人在电视上看着。在以往这类渡游中,她的最大困难不是疲劳,而是冰凉刺骨的水温。15个钟头之后,她浑身冻得发麻又很累。她感觉自己不能再游了,就叫人把她拉上船。

在另一条船上的她的母亲和教练都告诉她海岸已经很近了,叫她不要放弃。但她朝加州海岸望去,除了浓雾什么也看不到。几十分钟之后,人们将她拉上船。又过了几个钟头,她渐渐暖和了,这时她回忆起自己渡游的经历。她不假思索地对记者说:"说实在的,我不是为自己推脱,如果当时我看见陆地,我能坚持下来。"人们拉她上船的地点,离加州海岸只有半英里!

后来她说,令她半途而废的既不是疲劳,又不是寒冷,而是因为她在浓雾中看不到目标。查德威克小姐一生就只有这一次没有坚持到底。两月后的一天,她成功地游过了这个海峡。她不但是第一位游过卡塔林纳海峡的女性,而且她以超出两个钟头的成绩打破了男子纪录。

这一故事中的女主人公查德威克的确是个游泳好手。为什么第一次她没有游过卡塔林纳海峡,这正如她说的,因为她看不到目标,看不到终点,最终她放弃了。而在第二次的尝试过程中,她能游过同一海峡,是因为她鼓起了勇气。这就是信念的力量。

的确,心中有信念,就会有勇气,就能看到目标,可以说,

第7章　青少年永远相信自己，信念具有无坚不摧的力量

信心能赋予人们坚忍不拔的毅力。哈佛大学也告诉它的学生们，一个人如果没有明确而坚定的目标，是不会成功的。因此，青少年朋友们，在人生路上，在给自己制定目标时，你也要相信自己，不要给自己设限，只要你有信心，你就能做得到。

哈佛启示

自我设限是一件悲哀的事，事实上，任何一个人的潜能都是无限的，如果你认为自己做不到，那么，你是不可能成功的。因此，你要将成功的信念植入自己的大脑中，相信自己必胜，告诉自己我能行，那么，你就离成功不远了。

马蝇效应：青少年适时自我鞭策，才能不断超越

生活中，我们都有这样的体会，一匹马，即使再懒惰，如果它的身上有只苍蝇叮咬它，那么，它也会飞奔起来，这就是心理学上著名的"马蝇效应"。同样，对于成长期的青少年朋友来说，你们也需要自我鞭策，才能不断奋进。一个人若是自我满足、安于现状、自暴自弃，那么，他最终只会离成功越来越远。从哈佛毕业的林肯总统曾经说过一句话："一个人只有被叮咬着才会不断努力，不断奋进，才会不断进步。"事实上，"马蝇效应"就来源于林肯的一段有趣的经历。

1860年大选结束后几个星期，有位叫巴恩的大银行家看见参议员萨蒙·蔡思从林肯的办公室走出来，就对林肯说："你

不要将此人选入你的内阁。"林肯问:"你为什么这样说?"巴恩答:"因为他认为他比你伟大得多。""哦,"林肯说,"你还知道有谁认为自己比我要伟大的?""不知道了。"巴恩说,"不过,你为什么这样问?"林肯回答:"因为我要把他们全都收入我的内阁。"

事实证明,这位银行家的话是有根据的,蔡思的确是个狂态十足的家伙。不过,蔡思也的确是个大能人,林肯十分器重他,任命他为财政部长,并尽力与他减少摩擦。蔡思狂热地追求最高领导权,而且嫉妒心极重。他本想入主白宫,却被林肯"挤"了,他不得已而求其次,想当国务卿。林肯却任命了西华德,他只好坐第三把交椅,因而怀恨在心,激愤难已。

后来,目睹过蔡思种种行为,并搜集了很多资料的《纽约时报》主编亨利·雷蒙特拜访林肯的时候,特地告诉他蔡思正在狂热地上蹿下跳,谋求总统职位。林肯以他那特有的幽默神情讲道:"雷蒙特,你不是在农村长大的吗?那么你一定知道什么是马蝇了。有一次我和我的兄弟在肯塔基老家的一个农场犁玉米地,我吆马,他扶犁。这匹马很懒,但有一段时间它却在地里跑得飞快,连我这双长腿都差点跟不上。到了地头,我发现有一只很大的马蝇叮在它身上,于是我就把马蝇打落了。我的兄弟问我为什么要打掉它。我回答说,我不忍心让这匹马那样被咬。我的兄弟说:哎呀,正是这家伙才使得马跑起来的嘛!"然后,林肯意味深长地说:"如果现在有一只叫'总统欲'的马蝇正叮着蔡思先生,那么只要它能使蔡思的那个马不停地跑,我就不想去打落它。"

当然,在日常生活中,作为青少年朋友来说,你也应有所启示,一个人,只有适时鞭策自己,才能使自己努力向前。

有位名不见经传的年轻人,第一次参加马拉松比赛就获得了冠军,而且还打破了世界纪录。

当他冲过终点时,记者蜂拥而上,不断地追问:"你这么会取得这么好的成绩?"

年轻人气喘吁吁地回答:"因为我的身后有一匹狼。"

所有的人听后都惊恐地回头张望,但并没看到他身后有什么可怕的东西。

这时他继续说:"三年前,我在一座山林间训练长跑,每天凌晨教练喊我起床练习,尽管我用尽全力,也总是没有进步。

"有一天清晨,在训练途中,我忽然听到身后传来狼的叫声,刚开始声音很遥远,可是没几秒钟就已经来到我的身后。当时我吓得不敢回头,只知道拼命奔跑逃命。于是,那天我的速度居然是最快的。"

年轻人顿了顿,又说:"回来后教练跟我说:'原来不是你不行,而是你身后少了一匹狼!'我这才知道,原来根本没有狼,是教练伪装出来的。从那以后,只要训练时,我就想着自己身后有一匹狼正在追赶,包括今天的比赛,那匹狼仍然在追赶着我,我必须战胜它!"

青少年朋友们,想必你也和故事中的这位年轻人一样,都有着自己的人生目标。可是,你的身后有"狼"吗?这只狼

管好自己我可以

实际上就是催你奋进的"马蝇"。的确，如果在人生路上毫无压力、过于安逸，那么，你就注定平淡、碌碌无为，如果有只"狼"在你的身后追赶着我们前进，你势必会攀上人生的高峰。

哈佛启示

哈佛告诉学生，一个人，越是有能力，越是容易自负。也有一些人，还未遇到一点挫折就自暴自弃，对此，我们只有赶走自负、骄傲和自卑，才能勇往直前，去迎接前面的路。这就如同被苍蝇叮咬的马儿一样，有了自我鞭策之后，我们才会越跑越快。

第8章　青少年懂得自我调节，让心获得充沛的力量

哈佛告诉学生，保持好心情，才能增强成事的能力。事实上，生活中，人们都有情绪，情绪是人与生俱来的一种心理反应，青春期更是个情绪化的年纪，但无论如何，如果你不能很好地调节并保持情绪平稳，你势必会陷入一种痛苦的泥潭之中。因此，你必须提升自身的情绪掌控能力。的确，一个善于管理情绪的人，更容易保持平静和愉快，即使遭遇低潮也会乐观地应对，能承担压力，而成为自己生活的主宰。他们容易理解别人，能够建立和保持和谐的人际关系，即使与人产生矛盾，也能有气度地以建设性的方式解决。这样的能力，决定了一个人一生的幸福和成功。

善于管控情绪的少年，绝不做情绪的奴隶

不能控制自己的情绪，不仅会给自己带来一系列的麻烦，还有可能影响心理健康，保持自己的心灵健康，就应努力控制自己的情绪，做情绪的主人。

心理学上，有个著名的"踢猫效应"，指的是一个人如不及时控制自己的情绪，那么，就会产生一个"情绪链"：

老板骂了员工小王；小王很生气，回家跟丈夫大吵一架；丈夫觉得很窝火，正好儿子回家晚了，"啪"给了儿子一记耳光；儿子捂着脸，看见自家的猫在身边，不分青红皂白就狠狠地给猫一脚；那可怜的猫不知所措，转身就跑，冲到外面街上，正遇上街上的一辆车，司机为了避让猫，却把旁边的一个小孩撞伤了。

这就是"踢猫效应"，这就是我们的不良情绪带来的结果，相反，如果我们能做到控制自己的糟糕的情绪，那么，就不会把它传染给身边的人，也就不会引发这一连串的问题。

其实，坏情绪本身并没有任何破坏性，但在激动的情况下，人们会做出失去理智的事，它给人带来的负面影响可能远远大于我们的想象，会给我们的生活带来深远的影响。

的确，每个人都有情绪，并且，这些情绪都很复杂，每时每刻都在发生着变化，快乐、激动、悲伤、恐惧、愤怒、忌妒等都可能随时影响我们的心境。事实上，这些情绪都是正常的人应该有的，但面对那些消极的情绪，我们应做到及时控制，让自己每天保持最好的状态。

为此，哈佛告诉所有人，控制自己的情绪是保持心灵健康的法宝。青少年阶段的你，遇事也要理性一点，冲动是魔鬼，会让自己一败涂地，从现在起，一定要做到自制，理智思考并克服自己的情绪。

哈佛大学的教授们还曾经说过："如果你想成为一个成就卓越的人，除了具备一定的知识和能力外，你还要控制自己的情绪。"的确，青春期是个容易情绪化的年纪，在与同学、家长、朋友打交道的过程中，难免会有烦躁、气愤的心绪产生。但只要你转念一想，万千烦恼事，你不必太过计较，大度一点，情绪就不会爬上眉梢，也不会掌控你，你就能更显雍容和优雅。

"风吹屋檐瓦，瓦坠破我头；我不恨此瓦，此瓦不自由。"的确，砸到我们头的那片瓦，是被风吹落的，并不是有意为之，生活中的那些触犯你的人何尝不是如此呢？不必生气，多为对方考虑考虑，你就能赢得尊敬和赞美，成就自己良好的品质。

有这样一则堪称"神奇"的故事：

曾经有一对年过四十的夫妻，他们在进行年度身体检查时，发现妻子得了乳腺癌，丈夫患了严重的动脉血管疾病，医生坦言他们只剩下半年时间了。这简直犹如晴天霹雳，他们原本幸福的生活似乎一下子就要破灭了。

然而，这对夫妻并没有就此在哀怨中生活，他们想了想，还有半年时间，足够他们完成这辈子最想做的事了——环球旅行。于是，他们卖掉了他们十年前才还清贷款的房子，很快就出发了。

在他们的旅行过程中，他们几乎忘记了生病这一回事，格外珍惜每一天，他们仿佛回到了二十年前他们刚结婚的时候。那时候，他们没钱、忙于工作、照顾孩子，但现在他们有机会了，看到他们甜蜜的样子，没有人会想到他们是一对生命即将结束的病人。

五个月后，他们的旅行结束了，按照规定，他们还需要做一次检查，但在看检查结果时，连医生都惊呆了，他发现妻子的癌细胞已经消失，连丈夫的动脉血管阻塞也好了许多，这个结果让医生感到匪夷所思。

后来，医院就这一对夫妇的情况进行了研究，他们认为这是积极的情绪的作用，快乐的人脑内会分泌一种安多芬，它会增加体内的淋巴球，进而增强对抗癌细胞的能力，让人重新获得健康。

这简直是个奇迹！因此有人说，积极的心态是成功的源泉，是生命的阳光，而消极的心态是失败的开始，是生命的无形杀手。所以我们一定要重视情绪的力量，请察觉每一个情绪背后的意义，它可能是死神的召唤，更可能是改变命运之门的钥匙。

对于青少年朋友来说，你接触到的人和事相对于以前来说都有明显的增加，与人产生矛盾的概率也会大得多，这时，你会很自然地产生一些情绪反应，如东西被他人偷走、走路不小心被他人撞倒等，往往就会觉得很郁闷。但无论如何，你都要学会调整自己的心情，学会以善良之心看待与他人的摩擦，你要明白生活中难免会发生不愉快的事情。为此，在你人生成长之路上，你也应该警醒自己，豁达为人，那么，你人生旅途就会越走越宽。为此，你需要做到以下两点：

1. 学会换位思考，也就是要理解对方，理解爱

每个人都有自己的情感世界，都希望得到别人的理解，也希望理解别人。理解是一座桥梁，是填平人与人之间鸿沟的石土。

比如，在你和他人发生争执的时候，特别想驳倒对方，或者希望对方自己承认的观点，在解决类似的问题时，是否"体谅"对方会直接导致不同的结果。

2. 养成为他人着想的习惯

比如，你兴致勃勃地参加同学的生日聚会，却遭到他人的冷落或者冒犯，此时，你要尽可能以博大的胸怀宽容对方原谅对方，而不是无论对谁、对何事都要斤斤计较。当然，能够原谅对方的前提是，你必须是一个习惯为他人着想的人。

哈佛启示

有这么一句流行语：好的情绪带你进天堂，坏的情绪带你住套房，甚至会住进十八层地狱！学会控制自己的情绪，保持均衡的生活，就能让每一天都过得有意义。

换个角度，青少年会发现一切豁然开朗

生活的快乐与否，完全取决于个人对人、事、物的看法如何。你看世界、看他人的角度决定了你的心情。

在哈佛的课堂上，教授曾为学生们讲过这样一个故事：

有这样一个老太太，她不管阴天还是晴天都要痛哭流涕，人们见了都很纳闷，就问她原因，她说："我儿子是卖雪糕的，所以一到阴天我就担心儿子的雪糕卖不出去，就伤心得哭

个不停；而我女儿是卖伞的，所以一到晴天我就害怕没人买我女儿的伞，也会悲伤地大哭起来。"人们听了，哭笑不得，就对她说："以后，晴天的时候，你就想人们都去买你儿子的雪糕了，阴天的时候就想人们都去你女儿那里买伞了，不就可以了吗！"老太太一听，终于笑开了。

其实，人生何尝不是这样，当你正遇到难题、为之苦恼时，你不妨换个角度看问题，此时，你会发现，世界是美好的，心情也就豁然开朗了。

青少年朋友们，可能你在生活中也会遇到一些烦恼，也会因此产上一些负面情绪，但只要你能跳出限定的思维，转换一个角度，你便能为情绪找到一个出口。

有这样一个有奖征答活动，题目是：一次，三个人一起坐热气球旅行，这三个人都是关系人类命运的科学家。第一位是核子专家，他有能力防止全球性的核子战争，使地球免于遭受灭亡的绝境。第二位是环保专家，他可以拯救人类免于因环境污染而面临死亡的厄运。第三位是粮食专家，他能在不毛之地种植粮食，使几千万人脱离饥荒而亡的命运。但旅行到一半旅程，却发现热气球充气不足即将坠毁，必须丢出一个人以减轻载重，使其余的两人得以存活，请问该丢下哪一位科学家？

因为奖金数额庞大，征答的回信如雪片飞来。每个人都竭尽所能地阐述他们认为必须丢下哪位科学家的见解。最后，结果揭晓，巨额奖金的得主是一个小男孩。他的答案是：将最重的那位丢出去。

我们在赞叹小男孩的答案时，也不难得出这样一个结论：很多时候，按照传统的思维来解决问题，似乎总是找不到答案，在遇到困惑时，如果你也能和案例中的小男孩一样，跳出常规思维，可能就会豁然开朗。

现在，很多人活得很累，过得很不快乐。其实，人只要生活在这个世界上，就有很多烦恼。痛苦或是快乐，取决于你的内心。人不是战胜痛苦的强者，便是向痛苦屈服的弱者。再重的担子，笑着也是挑，哭着也是挑。再不顺的生活，微笑着撑过去了，就是胜利。

一个午休的时间，班上发生了这样一件事：同学们在教室里自由活动着，艳艳不慎将一个叫洋洋的同学的文具盒碰翻在地，洋洋强迫艳艳道歉，艳艳死活不道歉，于是恼怒中的洋洋使出自己的"独家武功"，艳艳被掐得号啕大哭，两个一向和睦相处的好同桌开战了，战火蔓延，殃及周边的同学，在这种情况下，老师不得不出面。

其实，两人明明知道自己有错，就是死要面子，不肯向对方道歉。看着尴尬的场面，老师只好唠唠叨叨说教开来："孩子们，其实细想这件事情并不是什么大事情，如果我们多点宽容，或者多点自责，及时地道歉就不会闹成这个样子，凡事要讲理嘛。"二人惭愧地低下了头。

老师又说："同学们，艳艳是一个需要帮助的同学，她学习基础差脾气也很倔强，无论在学习上还是处事上都需要帮助，过去洋洋给过她很多帮助，如今她们因为针尖大点小事闹

133

矛盾了，本想他们相互道歉和好的，看来他们目前还没有达到这个境界呀，现在有谁愿意和艳艳同坐呢？"老师一边说一边扫视着教室里每一个同学。

"我愿意，我愿意……"教室里很多同学举起手来。

"我不——我不许她调位。"洋洋突然歇斯底里地喊叫着。大家惊异地看着洋洋，这时，老师看见她手里拿着一个纸条，使劲地往艳艳手里塞，而那张纸条的内容是："艳艳，我错了，实在对不起，咱俩永远是最好的同桌，我不允许你调位。"

的确，对于青春期阶段的你来说，很容易意气用事，因为一点小事，与周围的人发生矛盾，但如果你能退一步，站在对方的角度看问题，凡事讲理，那么，很多矛盾也就迎刃而解了。比如，有人做了让你愤怒的事情，你必然会生气，但你若能站在对方的角度上想一想，那么，你会发现，事情完全是情有可原。每个人都有自己的困难和压力。也许你的同学刚刚被父母训斥了，也许你的朋友正在遭受疾病的折磨……了解清楚了，你就能冷静下来，愤怒情绪也就不存在了。

哈佛启示

其实，那些看似是麻烦的烦恼，有时候，只需要你换个角度、换种心态，就完全是另外一番光明。所以，即使你遇到了挫折，你不妨告诉自己，这只不过是黎明前的黑暗而已，忍忍就过去了。这样一想，事情就没有那么糟糕了。换个角度去观察，世界会更美。

让心静下来,不做焦躁少年

在人生旅途中,很多人为明天而焦虑,他们担心明天的生活、明天的工作,但实际上,这只不过是杞人忧天,我们谁也无法预料到明天,我们所能掌控的只有当下。

有人说过这样的话,人生的冷暖取决于心灵的温度。然而现今社会,忙碌的、紧张的生活更是让人们的心焦虑不安。很多人常常会担忧:要是我失业了怎么办?这个月的房贷又该还了,我好像又老了……令人们焦虑的问题实在太多了,而这些情绪会一直纠缠着我们,哪有快乐可言。而那些快乐者,他们始终能淡然面对一切,每天都开心地生活。

对于青少年朋友来说,可能每天你都会为一些事焦虑,比如,没考上一所好大学怎么办?要是考试前生病了怎么办?新同学不喜欢我怎么办?……但无论如何,这都是明天即将发生的事,现下的你只有摆脱这些恐惧和焦虑,才能以最好的状态迎接明天。

哈佛医学院的教授们认为,心理不健康是导致身体不健康的主要原因。比如,有人在身体不适时,就认为自己得了重病,整天陷入恐慌之中,其实,也许只是小病或者根本没病,只是他的恐惧心理在作怪。心病还需心药医,只有消除恐惧,保持心理上的健康,才能让身体也健康起来。

布鲁尼是一名癌症患者,已经是晚期了,医生宣布他只有一年的生命。在得知自己生病之前，布鲁尼的性格非常内向，过于胆小谨慎，总是担心很多东西。让人惊讶的是，当得知自己身患不治之症之后，布鲁尼突然想开了，他变得豁达开朗，坦然地接受疾病。布鲁尼没有选择接受治疗，因为到了癌症晚期，治疗只能缓解疼痛，除此之外，没有任何用处。很久以来，布鲁尼一直很向往到世界各地走一走，看一看。当得知自己只有一年的生命时，布鲁尼毅然决然地放弃了一切身外之外，他还卖掉了自己的房子，选择了环球旅行。跟着一艘大船，布鲁尼走遍了世界各地，最后，他来到了中国。很久以来，布鲁尼一直对中国功夫很好奇，尤其是气功。到了中国之后，他找到了一个深山之内的寺庙，跟随那里潜心修行的高僧每日坐禅。经过一段时间的坐禅，布鲁尼惊讶地发现自己原本日渐衰竭的身体居然渐渐地恢复了力量。他每日跟随大师吃斋念佛，坐禅诵经，一年多过去了，他已经领悟了很多佛家的道理，精力和气色也越来越好。不过，既然已经放下了，布鲁尼并没有欣喜若狂地去医院检查自己是否已经战胜了癌细胞，而是继续在自己的最后一站——这座中国深山中的古庙里安心地吃斋念佛，坐禅诵经。

我们不得不怀疑，布鲁尼是不是已经在彻底放空自己之后战胜了癌症。答案可能是肯定的。其实，癌症是一种心因性疾病，长期的紧张、焦虑、不安，特别容易导致癌症。反之，假如一个人积极、乐观、开朗，能够心胸豁达地面对凡尘俗世，自然就能少了很多烦恼，身体也会更加健康。

从这里，我们可以看到，让内心安宁，能帮助人们活得更轻松。同时，内心安宁、不焦虑也是让我们不断前进的保证。相反，面对激烈的竞争，面对瞬息万变的环境，那些内心焦虑的人往往看不清楚真正的自己，也就不能及时察觉自身的缺点，不能用最快的速度修正自己的发展方向，也必然会在学业和事业中落伍，被无情的竞争所淘汰。

那么，青少年朋友们，你是个容易焦虑的人呢？你是否很容易忧虑？你是否像林黛玉一样多愁善感？你是否因为天气不好而心情烦躁？你是否会莫名其妙地悲观沮丧？每当周围有人在吵架的时候，即使与你无关，你是否也会变得烦躁、紧张？你是否经常感到惶恐不安？面对众多的选择，你是否总是无所适从，很难下定决心？在回答这些问题的时候，如果你有三个以上的答案都是肯定的，那么，显而易见，你是一个对外部环境非常敏感的人，你很容易受到外物的影响。

那么，接下来你要做的事情就是学会冥想，为自己建立一个强大的心灵屏障，学会从淡定的生活态度中获取能量。这样一来，外界的消极情绪、负面能量就不能轻而易举地影响到你，从而，你可以更加平静地生活、工作，也会变得更加从容淡定。

其实，在这个方面人们应该像新生婴儿学习，虽然他们每天都无所事事，除了吃喝拉撒睡，就是自言自语，但是他们丝毫不会觉得枯燥，更不是着急、焦虑。究其原因，是因为婴儿的心灵非常纯净，就像一张白纸。所以，他们可以兴趣盎然地盯着自己的手看半天，或者淡定地啃着自己的手趾头。那么，怎样才能使自己更加专注、淡定呢？首先要学会放空，让自己专注于身心。那么，什么叫放空？

假如把人们的大脑比喻成一个容器，那么，放空就是把这个容器中使你焦虑不安的事情都忘记，或者把那些使你紧张得夜不能寐的情绪统统释放出去，取而代之的是淡定、豁达。我们必须认识到，生活在这个世界上，很多事情都是人力所不能改变的，因此，我们所要做的就是快乐地度过每一天。曾经看到过一句话，大概意思是说，把每一天都当成是世界末日，努力地、用心地过好每一天。

哈佛启示

很多时候，面对一些问题即使你再怎么琢磨，事情也还是会按照既定的轨道往前发展。既然你所忧虑的问题是我们所无力改变的，那么，我们与其在焦虑中度过每一天，还不如坦然面对，快乐地度过每一天。

抑制你的愤怒，获得平和的心性

生气的情绪，对于我们生活来说，犹如一颗定时炸弹，将严重影响我们的正常生活，使生活失去了原本平和的美丽。

马克·吐温说："世界上最奇怪的事情是，小小的烦恼，只要一开头，就会渐渐地变成比原来厉害无数倍的烦恼。"而对于智者来说，在烦恼面前，他们不会愤怒，因为他们深知，愤怒是十分愚蠢的行为，只会让自己陷入糟糕的情绪循环之中。

哈佛告诉学生们，只有抑制愤怒，我们才能获得平和的心性。在生活中，那些生气所带来的恶劣情绪会挑拨起内心的冲动，冲动的结果将会令我们更加生气。这样一来，情绪就会形成一种恶性循环，从此一发不可收拾。若是远离了生气，抑制了内心的愤怒情绪，我们就会达到开心的彼岸。

一位研究情绪的心理学家曾这样告诉人们："生气是一种最具破坏性的情绪，它所给人们带来的负面情绪可能远远超过我们的想象。"一个人在生气时，他的所作所为都是没有经过大脑思考的，处处沾染上冲动的痕迹，虽然，怒气在发泄的那一瞬间是顺畅的，但是，后果却需要买单。所以，学会做一个智者，克制住内心的愤怒，千万不要因为生气而说出愚蠢的话，做出愚蠢的行为。

对于青少年朋友来说，你也应把控制自己的情绪、抑制自己的愤怒作为修炼自己良好性格的重要方面。当你遇到了不快的事情、即将要发火时，请告诉自己，如果我原谅他了，我的品质又提升了一步。自然就压制住了要发火的倾向。

我们先来看下面一则故事：

曾经有一名政党的领袖正在指导一位准备参加参议员竞选的候选人，教他如何去获得多数人的选票。这位领袖和那人约定："如果你违反我教给你的规则，你得罚款十元。"

"行，没问题，什么时候开始？"那人答应。

"现在就开始。我教给你的第一条规则是：无论别人怎么损你、骂你、指责你、批评你，你都不允许发怒，无论人家说你什么坏话，你都得忍受。"

"这个容易，人家批评我，说我坏话，正好给我敲个警钟，我不会记在心上。"

"好的，我希望你能记住这个戒条，这是我教给你的规则当中最重要的一条。不过，像你这种呆头呆脑的人，不知道什么时候能记住。"

"什么！你居然说我……"那个候选人气急败坏。

"拿来，十块钱！"

"哎呀，我刚才破坏了你教给我的戒条吗？"

"当然，这条规则最重要，其余的规则也差不多。"

"你这个骗子……"

"对不起，又是十块钱。"领袖摊开双手道。

"赚这二十块也太方便了。"

"就是啊，你赶快拿出来，这是你自己答应的。如果你不拿出来，我就让你臭名远扬。"

"你这只狡猾的狐狸！"

"对不起，再拿十块钱。"

"呀，又是一次，好了，我以后再也不发脾气了！"

"算了吧，我并不是真的要你的钱，你出身贫寒，你父亲的声誉也坏透了！"

"你居然敢侮辱我的父亲！你这个恶棍！"

"看到了吧,又是十块钱,这回可不让你抵赖了。"

这一次,那位候选人心服口服了。那位领袖郑重地对他说:"现在你总该知道了吧,克制自己的愤怒并不容易,你要随时留心,时时在意,十块钱倒是小事,要是你每发一次脾气就丢掉一张选票,那损失可就大了。"那位候选人彻底服了。

的确,生活中,有些人就像故事中的这位候选人一样,控制不住自己,特别是在不顺心的时候容易发怒。实际上,胡乱发脾气根本解决不了任何问题,反而会把事情弄得更糟。

我们工作与生活的世界本身就是个有条不紊、有规律运行的有机体,只要正常运转,一切都会秩序井然,按部就班。就像一台计算机、一架飞机、一台机器,如果操作正常,控制良好,就能发挥它们的正常作用。人的情绪也如同一架机器一样,一旦失控,就不能正常运转,最终会导致人们陷入失败的沼泽。

聪明人深知,即使生气了也挽回不了什么,徒增许多怨气,于是,他们选择了不生气;愚蠢的人,他们总是看到事情的表面,凡事喜欢生气,总认为生气是自己的专利,殊不知,时间久了,生气成为了自己的本性。做一个聪明人,还是愚蠢的人,关键是看你如何去选择。

英国著名作家培根曾经这样说过:"愤怒,就像是地雷,碰到任何东西都一同毁灭。"如果你不注意培养自己忍耐、心平气和的性情,一遇到导火线就暴跳如雷,情绪失控,就会把你的好人缘全都炸毁。

而对于青少年朋友来说,控制自己的愤怒情绪尤为重要。

的确，青春期是一个负重期，现在的你，每天都要面临来自两个方面的压力和挑战：一方面，身体上的发育使你身体内部有大量能量，每天都处于情绪即将爆发的状态；另一方面，强大的学习压力，上课、做题、背书、考试这些词眼每天都会充斥在你的脑海中，心理压力较大。

更重要的是，随着青春期的到来，你们对外在世界渴望了解的欲望越来越强，每天接触的人和事也越来越多，各种各样的信息纷至沓来，这就使你们需要处理的问题越来越多，越来越复杂。每个青少年的血液里也流淌着亢奋的血液，青春期的人你们把什么都挂在脸上，常常喜怒皆形于色，不像成年人那样善于控制或掩饰自己。在与人交往的过程中，一旦产生矛盾，很容易爆发，这也就是为什么很多青春期的男孩总爱发火。

所以，男孩们，你要告诉自己："发火前长吁三口气。"事实上，很多事情都没有想象中那么严重。如果不学着控制自己的情绪，任着性子大发脾气，不仅解决不了问题，还会伤了和气。

哈佛启示

愤怒是一种大众化的情绪——无论男女老少，愤怒这种不良情绪都在毒害着他们的生活。因此，不管在家里，还是在工作中，甚至在与你亲密的人相处的过程中，都需要进行愤怒情绪的调节，从而浇灭愤怒的火焰。

下 篇

青少年成功的砝码

第9章　青少年多开动脑筋，让思维与创意舞动起来

哈佛大学第24任校长普西曾经说过："一个人是否具有创造力，是一流人才和三流人才的分水岭。"的确，当今社会已经是一个创新型社会。然而，创新的成功，总是孕育着创新者的强烈创新意识。为此，每一个青少年朋友，在日常生活和学习中，就要鼓励自我打破思维禁锢，突破常规的路线，激活创新的意识。只有这样，你才能将自己历练成为一个创新型人才。

开动大脑，每个青少年要善于创新

知识经济时代，思维已经成为最高的生产力。谁的思维更敏捷，谁的想法更高明，谁就更容易获得财富，更容易提升自己的价值。

提到哈佛，可能青少年朋友更容易想到的是，这是一个学术氛围严谨、师资力量雄厚的学府，然而，哈佛之所以成为世界一流的学府，靠的不仅仅是这两点，还有它培养出了很多成就不凡的人。

近期，美国知名财经杂志《福布斯》评出了产生亿万富翁最多的美国14所大学，其中有斯坦福和耶鲁大学等，然而，名

列榜首的是哈佛大学。

在《福布斯》评出的这469位美国亿万富翁排行榜中，有50名曾在哈佛大学就读。其中就有众人皆知的包括微软巨头比尔·盖茨（Bill Gates，他中途辍学）、微软首席执行官史蒂夫·鲍尔默、纽约市市长迈克尔·布隆伯格、媒体巨头维亚康姆董事长兼首席执行官雷石东等。

然而，当我们研究这些亿万富翁的发家史时，可以发现一个规律：他们敢于拼搏，但他们从来不盲目奋斗，而是头脑灵活，善于寻找商机。

的确，当今社会，一切竞争都可以归结为头脑的竞争，因为头脑能催生出创意，能从根本上决定成功与失败。因此，任何一个青少年朋友，如果你希望获得进步，希望在未来也和哈佛学子一样有一番成就，那么，从现在起，你就要重视思维能力的培养。

在哈佛，每一个学生都在课堂和课余时间锻炼着自己的头脑，扩展了自己的眼光和思维。他们知道，这是一个脑力制胜的年代，谁的想法更高明，更有效，谁就更容易提升自己的价值，获得财富的垂青。

可能很多青少年朋友会说，年轻人不应拜金，然而，拜金和对财富的追求并不是一回事。追求财富并没有错，他不仅能改善生活的需求，更能激发大脑潜能，调动大脑思维的最原始的动力。

很多时候，一个金点子，花费不多，却拥有点石成金的力量。只有看到别人看不到的东西的人,才能做到别人做不到的事。灵活的头脑和卓越的思维为我们提供了这种本领,深入地洞察每一个对象,就能在有限的空间,成就一番可观的事业。

曾经有两个人,他们一起出差。这天,工作任务完成后他们来到大街上闲逛,其中一个人看见路边一个老妇在卖一只黑色的铁猫,细心的他发现,这只铁猫的眼睛很特别,应该是宝石做的,于是,他询问老妇能不能用一整只铁猫的价钱来买一双眼睛,老妇虽然不大高兴,但最终还是同意了,然后把这只铁猫的眼珠子取出来卖给了他。

回到宾馆以后,他迫不及待地把自己的经历告诉了同伴。同伴听完后,问清楚了事情的前因后果,然后问他老妇在哪里,说自己想买剩下的那只铁猫。

于是,他便把地点告诉了同伴,同伴拿了钱立即就去寻老妇去了,一会儿,他把铁猫抱了回来。他说,既然这只铁猫的眼睛都是宝石做成的,那么,这只铁锚的猫身肯定也价值不菲,于是,他拿起铁锤往铁猫身上敲,铁屑掉落后发现铁猫的内质竟然是用黄金铸成的。

这里,我们不得不佩服这个最后买走缺了眼睛的铁猫的人,他的思维是独特的。的确,既然猫的眼睛是宝石做的,那么它的身体肯定不会是铁。正是这种逆向思维使同伴摒弃了铁猫的表象,发现了猫的黄金内质。

的确,思想是超越现实的起点,同时也可能成为禁锢创新的囚笼。对于成长中的你来说,思维的成熟程度以及深度将直接决定你们将会成为一个什么样的人、做什么事情甚至是你们生命的长度。

哈佛启示

任何一个青少年都应培养自己的思维能力，思维是行动的老师，思维有多远，你就能走多远，思维的高度有时决定了你到达目标的高度。

青少年转换思维，你就有了改变一切的力量

思维的力量是无限的，有时候，当你换个角度思考问题，你就能获得全新的答案。

在哈佛大学的毕业生中，有个著名的教育家，他的名字叫查理斯·艾略特。在哈佛，他的名字无人不知。在他毕业后的第16年，也就是1869年，他开始任职哈佛大学的校长。他曾经历过这样一件事：

在他任职哈佛大学校长的第二年，他找到当时著名的史学家亨利·亚当斯，想聘请他出任中世纪历史的教授。起初，艾略特不管怎样苦苦劝说，亨利·亚当斯都没有任何表示，后来，亨利·亚当斯谦虚地说："校长先生，我真的一点儿都不懂中世纪的历史。"听到他的回答，艾略特校长则客气地说："如果你能够为我举荐出一位学者比你懂得更多，那我就聘请

他。"结果亚当斯只好接受了聘请。

艾略特以自己灵活机智的思维,展现了哈佛校长的个人魅力,同时也告诉哈佛学子,将思维转个弯,很多事情都迎刃而解。

我们发现,任何一个成功者,都具有一些共同的特质:他们积极主动,富有创造力。同样,任何一个青少年朋友,无论现在处于什么样的境况,他们也都渴望在未来社会能够获得成功,那么,你就需要重视思维的力量。一个人有没有创造性是由他的思维方式所决定的,创造性思维是创造力的核心,是人类智慧的体现,不寻常的思维会引导不寻常的成功,你要想在未来社会竞争中脱颖而出、担当大任,就必须会灵活变通,必须学会创新。创造性思维通常包括逆向思维、发散思维、抽象思维,其实思维的实质是一致的,只是换了一个完全不同的角度和方向。

松下幸之助曾经说过:"今日的世界,并不是武力统治而是创新支配。"一个小小的改变,只要能跳出传统守旧的观念,将自己思想方式巧妙地变一变,往往就会产生意想不到的效果。

青少年朋友们,试想一下当提到铅笔的用途的时候,你能想到些什么呢?可能你会说"书写",但实际上,这只是铅笔的通常用途,你至少可以得出这样多的答案:绘画、当发簪、做书签、当尺子画线,它削下的木屑可以做成装饰画,在遇到坏人时,削尖的铅笔还能作为自卫的武器……所以,千万不要以为铅笔只有一种用途——写字,这就考验了你的思维能力。

第9章 青少年多开动脑筋，让思维与创意舞动起来

在哈佛，流传着这样一个故事：

在美国乡村，有个老头和他的儿子相依为命。

一天，一个人找到老头说要带他的儿子去城里工作，老人愤怒地拒绝了这个人的要求。这个人又说："如果你答应我带他走，我就能让洛克菲勒的女儿成为你的儿媳，你看怎么样？"老头想了又想，终于被让儿子能当"洛克菲勒的女婿"这件事情说动了。

这个人精心打扮后，找到了美国首富、石油大王洛克菲勒，对他说："尊敬的洛克菲勒先生，我想给你的女儿找个对象。"洛克菲勒说："快滚出去吧！"这个人又说："如果我给你女儿找的对象是世界银行的副总裁呢？"于是洛克菲勒就同意了。最后，这个人找到了世界银行总裁，对他说："尊敬的总裁先生，你应该马上任命一个副总裁！"总裁先生摇着头说："不可能，这里这么多副总裁，我为什么还要任命一个副总裁呢，而且必须马上？"这个人说："如果你任命的这个副总裁是洛克菲勒的女婿呢？"总裁立刻答应了。

在这个人的努力下，那个乡下小子不但娶了洛克菲勒的女儿，还成为了世界银行的副总裁。

这个故事看似不可思议，却有着一个真实的结果。在漫漫人生长路上，许多人利用思维的变化找到了成功的机会，相比之下，那些不善于变通的人，纵有一身过硬的本领，也会因为不懂得因时因地变通，而无法捕捉和把握稍纵即逝的机会，从而无法成功。甚至有的时候，机会向他迎面走来，他也会视而

不见，让成功与自己擦肩而过。

　　青少年朋友们，可能你也有这样的经历：我们习惯于从茎窝凹处切分苹果，若不改变切法，不管切多久，都不会有新奇的发现；若横切一刀，你就会发现：苹果核竟显示出清晰的五角星状。同样，你也应该学会转换思维，如果一味地走别人走过的老路、毫无创新的话，那么，你也只能复制出别人的未来；而如果你寻找到属于自己的路，那么，你的未来就是美好的。事实上，无论做什么，都是这个道理，都要有灵光的头脑，善于创造性思维，不能钻牛角尖。这条路走不通，不妨另走一条，多一条路多一道风景。

　　有这样一个案例：

　　电影界突然一窝蜂地拍摄有动物参加演出的影片。虽然大家几乎是同时开拍，但是其中有一家，不但推出得早，而且动物的表演也远较其他影片精彩，这是为什么呢？

　　原来，这位导演在同一时间找了许多只外形一样的动物演员，并各训练一两种表演。于是当别人唯一的动物演员费尽力气也只能演几个动作时，他的动物演员却仿佛通灵的天才一般，变出许多高难度的把戏。而且因为他采取好几组同时拍的方式，剪接起来立刻就可以将电影推出。观众只见其中的小动物爬高下梯、开门关窗、卸花送报，却不知道全是人扮演的。

　　这个世界上没有任何事是一成不变的，世界上也没有死胡同，关键就看你如何去寻找出路。而改变事物的现状就是运用思维的力量，思路一变方法来，想不到就没办法，想到了又非常简单，人的思维就是这样奇妙。有一句话说得好："横切苹果，你就能够看到美丽的星星。"

哈佛启示

思维一变天地宽。勤思考，善于逆向、转向和多向思维的人，总能找出解决问题的方法，总能以最少的力气，做出最满意的效果。

让思维活跃起来，青少年要致力于培养创造力

那些愿意开动脑筋的人，都拥有着他人没有的创造力，他们通常也都能走在人前。

在哈佛的学生中，一直流传着他们的学长史蒂夫·鲍尔默先生的财富故事：

史蒂夫·鲍尔默毕业于哈佛大学，他是全球领先的个人及商务软件开发商——微软公司的首席执行官。鲍尔默先生于1980年加盟微软，他是比尔·盖茨聘用的第一位商务经理。

鲍尔默从小就很聪明，在他读高中的时候，他的母亲带他参加了全国性的数学大赛，在这次大赛中，他拿到了一个前十名的好成绩，并且拿到了哈佛的奖学金，从此，他顺利实现了他父亲的梦想——考入哈佛。

在哈佛学习期间，鲍尔默拿到了双学士学位——数学和经

济学学位。

鲍尔默曾经在一次新生开学典礼上说,"打开你的思路,放远你的视线。"他说,"因为永远有想不到的机会你没有想到,你没有看到,可是这个机会会给你带来一生惊喜的突变。"

这是哈佛学子鲍尔默对自己成功人生的精彩诠释。思路开阔、目光远见的人,常常能够想在人先,走在人前。

的确,当今社会已经是个信息时代,任何成功者,无不是抓住了成功的商机。青少年朋友们,你也应该记住鲍尔默的话,并学会在日常生活中多开动你的大脑,培养自己的创造性思维和创造力。

有个在马戏团做童工的小男孩,他的工作是负责向看马戏的客人推销小食品。但每次看马戏的人不多,买东西吃的人更少,尤其是饮料,很少有人问津。这下可怎么办呢?没人买东西,意味着他的收入惨淡,他也可能面临失业。

在不知道如何是好的时候,他突然想到一个点子:对于那些来买票的人,他都向他们赠送一包花生,但老板却认为这是个亏本的买卖,自然不同意。他就用自己微薄的工资作担保,恳求老板让他试试,并说,如果赔钱了就从自己的工资里扣,如果盈利了,自己也只拿一半。

于是,在马戏团外,小男孩就开始"叫卖"起来了:"来看马戏,买一张票送一包好吃的花生!"在他不停地叫喊声中,观众比往常多了几倍。

观众们进场后,就开始吃他免费送的花生,而吃花生,难免会口渴，自然就会买一杯饮料，就这样，一场马戏下来，他的收入比以往增加了十几倍。

故事中的小男孩，在面临自己的推销工作即将失去的情况下，他想到了另外一种推销方法：先免费赠送花生，使得观众先"占他的便宜"，进而由于口渴而不得不主动买他的汽水。这种方法无意间就推动了他的销售。如果他总是用一直使用的方法，被动地等待客人来买饮料的话，他的工作成果肯定得不到任何改观。

在哈佛毕业的学子当中，有很多成功者，但这也是哈佛毕业生中的一部分，这正如这世界上有很多勤奋者，但最终在事业上获得成就的人也是少数。而个中原因就在于并不是所有人都能做到运用超前的思维指导行动。但只要你"打开你的思路，放远你的视线"，抬起头来审视前面的路，你就能脱离平凡，获得成功。

可以说，创造力也是思维的结果。这个世界上没有任何事是一成不变的，生命在不断向前，我们的生活也是如此。因此，我们的思维也需要做到与时俱进。有时候，可能你觉得你已经进入了死胡同，但事实上，这只是你没有找到出路而已，而改变事物的现状就是运用思维的力量，思路一变方法来，想不到就没办法，想到了又非常简单，人的思维就是这样奇妙。

人们经常说，方法总比问题多，事实上，人们都不愿意开动脑筋去寻找方法，因为这是一件伤脑筋的工作，于是，为了保险起见，人们更愿意使用前辈们已经传授的方法和经验，而这却容易使我们陷入思维的惯性中，即按固定的思路去想问题，而不愿意换个角度、换种方式去想，拘泥于某种模式。这样不仅不利于问题的更好解决，更是阻碍了我们的思维活力。

爱因斯坦说："想象力比知识更为重要。"在创新的过程之中，最可怕的是想象力的贫乏。可以这样说，人的一切发明与创造都源于想象力。一个人一生的成就，全归功于他能建设性地、积极性地利用想象力。有与众不同的想法，才能有与众不同的收获。

当然，青少年朋友们，开发自己的思维能力是需要从日常生活中开始的，当你每天早晨一打开窗户的时候，就会感受到一股新鲜的空气。于是，你感觉自己的身心是多么的轻松。接下来要做的事情就是，投入到每天的学习或生活当中。好像这个世界上的事情永远做不完似的。而最重要的是，你可以每天让自己多出一点新奇的想法，给生活增添一点新奇的意味。如果你这样去做了，那么，你就等于在努力突破自我，虽然现在还没有奇迹发生，但至少你和原来的你是不同的了。

哈佛启示

生活中，只要我们能开发大脑，运用想象力，跳出思维的框框，就能发现思维的另一个高度，就会得出异乎寻常的答案。

青少年培养创新意识，实现自我成长和超越

无论做什么事，总是在别人用过的套路里打转转只会局限

自己，因为当经验在大脑里越积越多，甚至形成一种思维定式的时候，就会形成思维僵化，做不到创新。

我们都知道，哈佛大学是世界一流的学府，很多青少年都希望自己能成为哈佛的一员。这是因为哈佛拥有着世界雄厚的师资队伍和最浓厚的学术氛围，诚然，哈佛希望每个学生都能掌握最先进的科学文化知识，但它并不提倡学生们都成为"书呆子"，事实上，对独立思想的鼓励和培养，才是哈佛大学的教育之本。哈佛大学要求每一个学生都拥有创新能力，而这正是哈佛大学能培养出众多的成功者的原因所在。

的确，人类社会发展到今天，是否拥有动手能力和创新精神已成为一种判定人才的标准，这更是一种时代精神。现代社会，我们都强调要创新，任何重大成果的发现，都离不开创新意识的发挥。

也就是说，任何一个青少年朋友，在学习科学文化知识时，还应该培养自己的独立思考能力和创新能力，只有这样，你才能做到不断进取。

从前，几乎所有人都认为只有硬件才能赚钱，哈佛学长比尔·盖茨是第一个看到软件前景的商人，而且"以软制硬"，把其软件系统应用到所有的行业或公司。微软开发的电脑软件的普遍使用，改变了世界，也改变了人类的工作和生活方式。人们把盖茨称为"对本世纪影响最大的商界领袖"，这一点也不过分。现在，传统经济已让位于创造性经济。美国统计表明，去年年底，只有31万员工的微软公司，市场资本总额高达6000亿美元。麦当劳公司的员工为微软的10倍，但它的市场资本总额仅为微软的1/10。尽管21世纪依然有汉堡包的市场，但其影响和威望，远不能同微软相比。

微软还是第一家提供股票选择权给所有员工作为报酬的公司。结果，创造了无数百万富翁甚至亿万富翁，也巩固了员工的忠诚度，减少了员工的流动。这一方法被别的企业竞相采用，取得了巨大的成功。

微软处处领先，靠的是什么，靠的是创新。要最大限度地发挥人的潜能，就不要受制于自缚手脚的想法。成功者相信梦想，也欣赏清新、简单但很有创意的好主意。

在哈佛的课堂上，教授们经常为学生讲述这样一个财富故事：

20世纪40年代，南美洲的很多方糖都是由美国进口的，美国的很多制糖公司一直有个苦恼的问题，那就是，运送过程中，都会因方糖在海运途中受潮而造成巨大损失。为了解决这一问题，这些公司曾经请了很多专家研究解决方法，但都没有效果。

后来，运送方糖的轮船上有个年轻的工人用最简单的方法解决了这一难题：在方糖包装盒的角落戳个通气孔，这样，方糖就不会在海上运输时受潮了。

这个方法为这些制糖公司减少了几千万美元的损失，而且这个方法的最大的好处是，不需要什么成本。

这个年轻的工人也是个有头脑的人，他马上为该方法申请了专利保护。后来，他把这个专利卖给各大小制糖公司，成了百万富翁。

后来，又有个日本人，他从这件事中得到启发，他发现，这一方法不仅可以用于制糖包装盒上，还可以放到其他很多方便，比如，若能在打火机的火芯盖上也钻个小孔，能够大量延长油的使用时间。而他，也凭着这个专利发了财。

从这个故事中，我们发现，很多时候，小小的创新就能带来很大的财富。这也就是为什么成功者总是说财富是"想"出来的。人不但要养成思考的好习惯，还要始终坚守自己的独立思想，同时扩展思考的范围，开阔思路，扩展思维，这样才会更好地、更大限度地获取有益的信息，促成自己获得辉煌的成就。

为此，青少年朋友们，要培养自己的创新能力，你需要从以下几个方面努力：

1.敢于否定，打破传统思维

曾有人这样诠释创新："你只要离开常走的大道，潜入森林，你就肯定会发现前所未有的东西。"创新的成功，总是孕育着创新者的强烈创新意识。要想摆脱传统观念和习惯思维的局限，就要鼓励自我打破思维禁锢，突破常规的路线，激活创新的意识。

2.善于变通，敢于尝试

变通思维是创造性思维的一种形式，是创造力在行为上的一种表现。思维具有变通性的人，遇事能够举一反三，闻一知十，做到触类旁通，因而能产生种种超常的构思，提出与众不同的新观念。科学领域中的任何建树,都需要以思维的变通为前提。一般来说,变通思维会起到一种"柳暗花明"的奇妙作用。

3. 不要把眼光局限于成绩上

当前一些青少年因为长时间受到父母短视、片面地教育"我们什么都不要你做,你把书读好就行了"而导致了人格与思维上的发展受到局限。

为此,你应该告诉自己要成为一个有远见和理想的人,多关注社会、国家,你的思维也就能慢慢变得开阔起来。

4. 多参加生活实践

思维和现实之间的差距就在于实践,再美好的思维理想,如若不付诸行动,也如痴人说梦。这一点,应该落实到生活的细节上。只有体会到实施的难度,才能检验思维的成熟度。

哈佛启示

知识社会的秘密就在于创造力。创造力在一个人的成长成功中都起着非常重要的作用。因此,任何一个青少年朋友,你都要在日常生活和学习中多注重培养自己的创新意识和创造能力,最终让自己历练成为一个创造型人才。

青少年要独立思考,别人云亦云

不管在任何关键的时刻,正确的想法都是解决问题的唯一途径。

在哈佛，曾经有个中国留学生，她的名字叫汤玫捷。2005年，她被哈佛录取，并且，她还拿到了每年4.5万美元的全额奖学金。据说，这种提前录取的情况，中国只有一个，亚洲也只有两个。它意味着，哈佛这所全球顶尖名校，视她为最符合哈佛精神、最需要提前抢到手的优异学生。

的确，能进哈佛的人，一定是学习成绩最优秀、成绩最高的学生，但汤玫捷却不是，她曾经就读的学校的老师说："她并不是我们这里学习成绩最好的学生，她也从未参加过什么学习竞赛，甚至她连奥数班都没上过。"那么，哈佛大学录取汤玫捷的标准到底是什么呢？

其实，哈佛除了关注学生的成绩外，还很在意他们的学术背景，这就是为什么哈佛大学的入学申请表中，还必须有社会工作、兴趣爱好、老师推荐信，外加两篇小论文。汤玫捷之所以被哈佛录取，是因为她出色的学术背景：她担任过学校的学生会主席，辩论队队员，还曾作为交换生到美国著名私校西德威尔中学学习过一年。甚至在那里，也被好表现的美国学生称赞为"学生领袖型的人才"。

的确，哈佛需要的不是应试机器，而是有出色的学术精神和领导能力的学生。它培养的也是有思想、有想法的人。哈佛人懂得，不管在任何关键的时候，正确的想法都是解决问题的唯一途径。

事实上，社会生活中也是如此，那些有思想的人到处都受欢迎，他们有着更巨大的发展潜力。

青少年朋友们，如果你希望自己在未来有所建树，那么，从现在起，你也要学会独立思考，做个有想法的人。想法虽然看不见、摸不到，但它却真实地存在着。有什么样的想法，就会有什么样的命运。

曾经在北京的某机关大院里，有个小姑娘叫刘明明，才五岁的她就是这个大院里的孩子王了，小小年纪就到处"惹祸"，她常常被幼儿园阿姨追到家里找父亲告状。带着一群小朋友爬树偷摘园里刚刚成熟的苹果，替受了外班同学欺负的小伙伴去打抱不平，反正每样闯祸的事情都和她脱不了干系。

但在将近半个世纪之后，这个调皮的小姑娘却成为了福伊特造纸技术（VOITH PAPER）中国区总裁兼首席代表，她曾经这样回忆童年："我从小胆子就大，而且敢作敢当，性格特别像男孩子。"

事实上，现在的刘明明也是个"大胆"的女总裁：和上司意见不同时敢于坚持，力排众议说服犹豫不决的集团总部给中国市场重新定位，为了上亿美元的大项目敢和顶头上司针锋相对，甚至最初获得"首席代表"的身份也颇有些传奇色彩："他们最早想让我做副手，我说，我自己去和董事会谈。"

从一个捣蛋鬼、小女子到一位身价不菲的女总裁，正是她身上那敢于说NO的勇气，让她跻身于成功者的行列。

青少年朋友们，你们呢？你具备创造力吗？你是否曾经是那个经常被欺负的小孩？如果你还揣着成功梦，那你就必须要有自己的想法。

人们常说"没有人能随随便便成功",这句话是说,成功需要很多因素。而我们又发现,任何一个成功的人,他之所以成功并不是都来自他本人自身的勤奋,而是他那种善于发现某种人生意义的思想。任何一个有过失败的人,也并不是都因为他没有能力,而是因为他的思路没有上正轨。所以,任何成功起初都是有一个好的思路。

一架飞机撞山失事了!成群的记者冲向深山,大家都希望能抢先报道失事现场的新闻,其中有一位广播电台的记者拔得头筹,在电视报纸都没有任何资料的情况下,他却做了连续十几分钟的独家现场报道。为什么这位记者能抢个头条呢?因为他未到现场之前,先请司机占据了附近唯一的电话,挂到公司,假装有事通话的样子,所以当他做好现场报道的录音,跑到电话旁边,虽然已经有好几位记者等着,他却只是将录音机交给司机,就立刻通过电话对全国听众做了报道。

由此,我们不难看出,思路对我们的工作和生活有多么重要。在现实生活中,那些善于思考,有自己想法的人总是能在困境中寻找到解决问题的方法,在成功无望的时候创造出奇迹。洛克菲勒说过:"遇到困难和问题,我们应该学会改变思路。思路一转变,原来那些难以解决的困难和问题,就会迎刃而解。"

有两则故事:

一则讲的是美国为宇航员研制太空舱专用笔的故事:众所周知,在外太空低温失重的状态下,宇航员在太空舱里用墨水笔写不出字。美国太空总署为了解决这个问题，专门拨出一大笔科研经费，组织了一批科研人员攻关，花了很大代价，终于研制出了一种在低温无重力下能写出字的"太空笔"，取得了了不起的成就。而苏联的宇航员则换一种思路，改用铅笔，轻松地解决了在太空舱书写的问题。

无独有偶，日本有家著名的化妆品公司，由于包装流水线出了一点问题，致使有的香皂盒子里面没有装入香皂，引起了客户的投诉。该公司对此非常重视，投入了大量的人力、物力和时间，研发出了一台X光监视器，专门用于透视生产线上每个包装好的香皂盒。而另一家小公司也因类似问题接到客户的投诉，他们的解决方法简便得多，买来一台大功率工业用电风扇，安放在产品输送带的末端，强大的风力便将那些没放香皂的空盒吹走了。

这两则故事给青少年朋友们的启示是多方面的。有时候，灵光一现似的转换一种思路给我们带来的创新效益更让人耳目一新，就像苏联宇航员和日本小公司，将小学生用的铅笔和工业用的电风扇派上了大用场。这样的创新思路，为我们打开了创新路上的另一道门。在环境不变的情况下，转变思路，换种方式也许更容易走向成功。

哈佛启示

人不能改变环境，但却可以改变自己。只要你换一种思路去对待人生，那么你的世界将无限畅达。

第10章　机遇面前果断抓住，让青春的心因此飞扬

哈佛学子比尔·盖茨曾说过："卖汉堡包并不会有损于你的尊严。你的祖父母对卖汉堡包有着不同的理解，他们称之为'机遇'。"也有人曾经总结："成功的人生，一言以蔽之：蓄势待发。"这句话应该成为每个青少年朋友的人生格言。因为成功的秘密在于，当机遇来临的时候，你已经做好了把握住它的准备。对于现在的你来说，应该加倍努力学习，时刻准备着，这样，你才更易受到机遇的垂青。

青少年慧眼识别，分清机遇和陷阱

任何人都不要指望着坐享暴利，因为风险和机遇总是成正比。

生活中，每个人都渴望得到机遇，有些人甚至把自己的成功与否完全下注于机遇。而事实上，机遇与诱惑、风险往往是并存的。这就是为什么人们常说："富贵险中求"！比如，在投资市场，一些人虽然获得了成功，但也是冒着很大的风险。

纵观那些辉煌成功案例的背后，我们可以发现他们都有共同的特质，那就是富于激情、敢于冒险，在与风险的搏击中获得了成功。有人说，没有冒险就没有成功者，这句话虽然说得

有些绝对,但冒险在某种程度上意味着成功的开始。但这并不意味着,追求成功,只需要激情而不需要理智。一个真正成功的人,必当是二者兼备的。

哈佛的一位教授曾经说,辨别机遇与陷阱,是人一生都在学习的一个课程。机遇可能只敲一次门,诱惑总是按着门铃不放。

哲人说:"坐享暴利的事是不存在的,风险和机遇总是成正比。最重要的不是决定做什么,而是决定不做什么,以过于饥渴的心态去抓机遇,抓住的有可能只是一场诱惑。"

每一个青少年朋友,都应该以这句话为警示箴言。正处于"初生牛犊不怕虎"的年纪的你,凡事积极进取,做事容易欠缺考虑,很容易走弯路,而实际上,只有用理性指导激情,才会让成功来得更容易!

曾在哈佛的校园里听到这样一个故事:

出生在一个贫民窟的狄奥力·菲勒是世界著名企业家,他的成功经历不仅是坎坷的,也是传奇的。

小时候,他就已经学会利用动手能力来积累财富,并具备了一定的头脑和发掘商机的意识。有一次,他把一辆从街上捡来的玩具汽车修好,让同学玩。然后向每人收0.5美元。一个星期,他赚回的钱足够买一辆新的玩具车。这件事对他感触很深。

成年后的菲勒依然敢想敢做。一次,一艘日本轮船在航行中遇到风暴,船上一吨丝绸被染料浸过,上等的丝绸变成没人要的废品,货主无奈,要把这堆布扔进大海。菲勒得到这个信息后,马上找到货主,表示愿意免费把这批废品处理掉,货主非常感激。得到这些布，他就把它做成了迷彩服装。这笔生意让他赚到十余万美元。

后来，菲勒曾用10万美元买了一块地皮。一年后，新修建的环城路在那块地附近经过。一位开发商用2500万美元从他手中买走了那块地。

菲勒的思维是与众不同的，他有一双善于发现财富的慧眼，能够"在别人司空见惯的东西上发掘商机"，这是菲勒最可贵的创业资本，也是他成功的秘诀。不过这里，我们更佩服的是他的勇气，那就是敢想并敢做。一个人，即使有再多的想法并信誓旦旦，如果不付诸实施，那也是徒劳。

然而，哈佛教授提醒我们，过于乐观地看待机遇，缺乏理智的思考，机遇就会变成诱惑的嘴脸。

哈佛人的特质是：在开始做事之前，他们不会鲁莽行事，为了冒险而冒险，当决定做某件事情前，他们一定会挖掘足够的信息，然后才能够准确预测出"有所作为的风险"和"无所作为的风险"，这样的冒险才是最智慧的选择，才能使自己立于不败之地！

克劳塞维茨说："只有通过智力的这样一种活动，即认识到冒险的必要而决心去冒险，才能产生果断。"犹太人被世界公认是非常精明并且敢于冒险的一族，正是兼备了这两种的品质，他们才能解决遇到的危机。

我们熟悉的财富故事中，这样的例子有很多，读起来也让人颇受启发。李嘉诚是香港大富豪，是一位很大的成功者。

20世纪50年代，欧美兴起塑料花热，他迅速投资生产塑料花；60年代后期，香港经济起飞，地价开始跃升，他迅速投资购买大量土地；70年代后期，香港股市热得烫手，他迅速投资股市炒作，毫不手软。他就是李嘉诚。

了解李嘉诚的人都知道，在这一次次的投资中，每一次都伴随着不小的风险，但李嘉诚却最终获得了成功。其中的原因之一就是因为李嘉诚能及时把握政策，看清时势，果断投资。洛克说过：一个理性的动物，就应该有充分的果断和勇气，凡是自己应做的事，不该因里面有危险就退缩。

青少年朋友们，在赞叹李嘉诚的成功之时，你也应该有所启发。如果我们细细揣摩一下这些成功者的经历，它们看上去都很冒险，似乎有些不可思议，但其实这些都是表面现象。就拿投资而言，其实在这些成功案例的背后，有着他们所发现投资标的潜在的巨大价值，而正是潜在的巨大价值使得他们敢于在看似危险的时候果断进入。

哲人说，机遇可能只敲一次门，诱惑总是按着门铃不放。在面对成功的期盼和机遇的诱惑时，头脑中的知识和阅历可以使我们将机遇与一些投机活动区分开，头脑中的理智会让你对于危险的诱惑敬而远之。

哈佛启示

有专家认为，现代社会充满竞争，而要想在竞争中脱颖而出，风险意识是必须具备的一种现代意识。只有敢于冒风险，乐于冒风险，才能开拓崭新的事业，创造出一番新天地，获取巨大的财富。

把握机遇，青少年让命运因此改变

　　成功的人之所以能每每抓住成功的机遇，完全是由于他们处处都很留心，他们具有一双捕捉机遇的慧眼，当机遇来临的时候，他们能迅速作出反应，从而把机遇牢牢地抓在自己的手中。

　　在哈佛，每个新生入学时都会接受理想教育。正因为如此，他们在毕业前，就已经对拥有一番事业有了强烈的渴望。他们深知，机遇对一个人的成功起着重要的作用。它就像一个装有弹簧的踏板，踩到它，你就会被弹得很高，就能成功；但如果你在弹跳的过程中抓不住一个吊环，找不到一个着陆点，那你在片刻的激动之后，不可避免地会摔得很惨。
　　机遇在人的一生中扮演着重要的角色。机遇无处不在。抱怨没有机会的人，实际上是不善于识别机会和发现机遇，他们总是在仰望远处的高山，却忽视了脚下的矿石。而目光敏锐、头脑灵活的人，总能在机会还若隐若现时，就做出自己的判断，大胆地抓住它。
　　建筑界亿万富翁吕双辉22岁时来到深圳闯荡，在5年的时间里，他只解决了自己的温饱问题，没有积攒下什么钱。1984

年他来到新疆,在一个建筑工程队当木工。他手艺好,干活勤快,又肯动脑子,深得老板器重;工友们认为他的存在对他们的饭碗构成了威胁,他们总是想方设法地刁难他,最后竟然将吕双辉的住所洗劫一空。

一无所有的吕双辉又回到深圳。由于他为人忠厚,一个客户把70平方米的私人建筑承包给他。可吕双辉一没有设备,二没有人员,三没有资金。怎么办?他以自己的信誉做担保,以100元一条的高价从一家小店赊出"555"牌香烟,又以60元一条的低价卖给另一个小卖部,得到现金。有了钱,他就能购买原材料,租用设备,招聘工人。他说:"其实,当时我一分钱也没有赚到,还赔进自己的工资;不过,我就是靠这个起家的。"然后,他又用"高进低出"的方法倒卖大米,得到了更多的流动资金。工程完成后,客户认为吕双辉讲究信誉,工程质量好。于是又为吕双辉介绍了两项工程。到1986年,吕双辉创立了自己的建筑队。

可能很多青少年朋友会产生疑问:绞尽脑汁地寻找资金,辛辛苦苦地干活,工程质量很好,却"一分钱也没赚到",吕双辉究竟为了什么?很简单,这是一种创造机遇的方法,也就是为了给自己做广告!虽然没有赚到钱,却赢得了客户的信任,构建了自己的信誉,为自己的发展铺平了道路。信誉比赚钱更重要。为此,你要明白,机遇往往就隐藏在细微处。注重这些细微的地方,避免一些小节上的毛病,就能够抓住机遇,与成功握手。如果对一些小事小节不以为然,可能会将近在咫尺的机遇赶跑,人生和事业也会从此走进困境。

第10章 机遇面前果断抓住，让青春的心因此飞扬

人们常说机遇难求，因此不懈努力、千方百计地去寻找机遇、创造机遇，希望借助良好的机遇为自己铺路架桥，以便顺利而迅速地实现自己的人生目标。然而，大多数人都犯有这样一个错误：只关注那些表面的、醒目的、未来的东西，对自己身边的一些潜在的、隐蔽的、细微的东西却置若罔闻，无动于衷。机遇就在眼前，却视而不见；成功近在咫尺，却如隔天涯。

因此，不要总是抱怨没有好的机会降临在你身上，不要总想着会有兔子撞到你面前。成功的机会无处不在，关键在于你是否能紧紧地抓住。聪明的人能从一件小事中得到大启示，有所感悟，将其化为成功的机会。而愚笨的人即使机会放在他面前也不知。

有一家大公司的老板看好了一位刚从名校毕业的年轻人，此人业务方面的知识掌握得很熟练，能力特别出众。老板感觉他很有前途，是个可塑之才，准备派他去欧洲培训两年，回来后再委以重任。

但就在这名员工即将启程去欧洲的前几天，老板偶然发现他利用公司的电脑上网聊天，收发私人邮件，而且还下载一些与工作不相关的内容。老板一连好几天都留意该员工的举动，还发现该员工爱占公司小便宜，有投机取巧的行为，于是很快做出决定，改变了送他去海外培训的计划。

这名年轻人自身条件很优越，能力也很出众，本应拥有一个大好的前程。可惜由于他行为上的"出轨"，使老板对他的看法来了一个180度的大转弯，他的形象在老板眼中一落千丈，

169

大好前程从此与他无缘。因为在老板眼里，一个连公司准则都无法自觉遵守，甚至没有公德心的人，又怎么可能成为一名出色的员工，怎么能对一个企业高度负责呢？

的确，人生漫漫，机遇常有，但决定我们命运的不是我们的机遇，而是我们对机遇的看法。机遇悄然而降，稍纵即逝。因此，你若稍不留心，它就将翩然而去，不管你怎样地扼腕叹息，它却从此杳无音讯，一去不复返。因此，有些人认为，一些人之所以不能成功，并不是因为没有机遇，并不是幸运之神从不照顾他们，而是因为他们太大意了，他们的大意使他们的眼睛混浊而呆板，致使机遇一次次地从他们眼前溜走却浑然不觉。

对于这些人来说，他们要想取得成功，要想捕捉到成功的机遇就必须擦亮自己的双眼，使自己的双眼不要蒙上任何的灰尘。这样，他们才能够在机遇到来的时候伸出自己的双手，从而捕捉到成功的机遇。而那些之所以能够取得成功的人并不是幸运之神偏爱他们，幸运之神对谁都一视同仁，幸运之神不会偏爱任何一个人。

同样，每个青少年朋友，在未来社会，你在行为上的一言一行，工作上的一举一动，都会事关大局——隐含着问题，也潜藏着机遇。

哈佛启示

成功的秘密在于，当机遇来临的时候，你已经做好了把握住它的准备。时刻准备着，当机会来临时你就成功了。

青少年跟上时代步伐，才能抓住机遇

在瞬息万变的当今社会，真正的危险不是知识和经验的不足，而是故步自封，跟不上时代的步伐。

生活中，我们常听他人说"与时俱进"这个词，也就是说，我们在做人做事时，要懂得变通，毕竟我们所生活的时代每天都在变幻，守旧的思维模式只能让我们被时代抛弃。事实上，自古以来，人类的进步就是因为能做到与时俱进，能做到思维的创新。可以说，人类如果故步自封，就只会停滞不前。同样，作为单个人，能不能做到思维上的与时俱进，直接关系到一个人的事业成败，因为只有创新才能激活自己全身的能量。

在哈佛的课堂上，曾有一位教授这样教导学生："变化每天都在产生，我们绝不要害怕变化。"哈佛告诉学生，世界总是在变化中前进的，如果没有变化，猿不会演化成人，人类也不会一直向前发展。

因此，任何一个青少年朋友都应该明白，在瞬息万变的当今社会，真正的危险不是知识和经验的不足，而是故步自封，跟不上时代的步伐。

一个人要想成功，勇气、努力都必不可少，但更重要的是，人生路上要懂得与时俱进，要懂得不断收集各种资讯，使自己对环境和追求的事业的方向有更充分的了解。因为一个人只有了解得越多，才越有应变的能力。

管好自己我可以

的确，生活中，只要我们能开发大脑，运用想象力，跳出思维的框框，就能发现思维的另一个高度，就会得出异乎寻常的答案。

"牛仔大王"李维斯年轻的时候，带着梦想前往西部追赶淘金热潮。一日，突然间他发现有一条大河挡住了他往西去的路。苦等数日，被阻隔的行人越来越多，到处是怨声一片。而心情慢慢平静下来的李维斯突然有了一个绝妙的创业主意——摆渡。由于大家急着过河，所以没有人吝啬坐他的船，迅速地，他人生的第一笔财富居然因大河挡道而获得。

渐渐地，摆渡生意开始清淡。李维斯决定继续前往西部淘金。来西部淘黄金的人很多，但卖水的人却没有，所以，水在这个地方成了最珍贵的东西。不久他卖水的生意便红红火火。后来，同行已越来越多。终于有一天，在他旁边卖水的一个壮汉对他发出通牒："小伙子，以后你别来卖水了，从明天早上开始，这儿卖水的地盘归我了。"他以为那人是在开玩笑，第二天仍然来了，没想到那家伙立即走上来，不由分说，便对他一顿暴打，最后还将他的水车也一起拆烂。李维斯不得不再次无奈地接受现实。然而当这家伙扬长而去时，他却立即又有了一个绝妙的好主意——把那些废弃的帐篷收集起来，洗干净后，缝制成衣服，那么一定有人愿意买。就这样，他缝成了世界上第一条牛仔裤。从此，他一发不可收拾，最终成为举世闻名的"牛仔大王"。

聪明的人总是能做到不断变通，能根据当下情况的变化做出明智的决定。他们能不断找到成功的机遇,即使在困境中亦是如此,他们从不会因眼前的现状而停止思考,李维斯的成功就说明了不断思考的力量。

现实生活中,人们都知道机遇的重要性,但并不是所有人都能把握住机遇。事实上,在机遇面前,很多人只会一味地模仿别人,以为众人走过的路,用过的方法,是最保险的。但殊不知,在众人都踩过的路上,很难有令人惊喜的果实再被发现。

对于真正的强者来说,在变化面前,他们丝毫不畏惧,相反,他们能适应变化,并能把变化当作机会,让变化帮助自己成功。通用汽车公司总裁杰克·韦尔奇说,他一生追求的只有三个字:变!变!变!有原则有方向地变,在变化中获得发展。在这个变革的年代,最怕的就是你把自己局限于某个既定的框架里而不思改变。

我们先来看看通用公司在管理创新上的经验。

杰克·韦尔奇提出的"无边界行为",打破GE13大业务集团的界限,像"小公司"一样灵活,已经成为通用非常重要的管理价值观。通用所有部门的所有员工都已接受了这种工作方式,相互之间有非常好的沟通环境和团队合作的氛围。"无边界行为"不但不会和有序的组织管理发生冲突,反而它为通用创造了一种自由、轻松、平等的沟通环境。

通用电气公司首席执行官杰夫·伊梅尔特说:"寻找可持续性更高的经营方式,这种社会发展趋势显而易见,如果能乘此东风,我们就会为将来的发展占得先机。"通用电气公司开

管好自己我可以

展了一次绿色审核,找出他们已有的在业内一流的绿色产品,并开始对雇员突出强调这些现成的绿色产品的领域。LED3照明系统(可以发出很亮的光,但所耗电力仅为其他系统耗电量的10%)就是这样的领域。然后,通用电气公司就说:"我们就是那种能在日益注重可持续性的新业务环境中获得成功的人。"

通用的变革成功了!这一成功得益于无边界行为的提出,杰夫·伊梅尔特说:"他要把他的思想、公司的战略告诉通用全球的员工,员工的想法也与他沟通,建立相互理解、为了共同目标携手努力的氛围。当企业面临变革或危机时,最重要的事情就是与员工进行沟通。"

青少年朋友们,你要记住,身处于现实社会,当一些事物已经改变的时候,切记不要再按照原来的规则做事,否则一定会因为规则的变化而使自己的财富白白流失,甚至丧失获得更多财富的机会,丧失机会成本。

哈佛启示

人是善于思考的动物,处于竞争激烈、变化多端的社会中,当我们一旦发现自己的定位与现实不合拍的时候,调整步调才是最明智的选择。

机遇来临时,青少年一定要积极主动

在通往成功的道路上,处处都有可能被错过的良机,只有善于把握机会,哪怕是万分之一的机会,你的人生理想都有可能尽快实现。

任何人的一生,都要面临许多抉择,人生最困难的事也是做出抉择。在哈佛大学,每个学生对自己未来的人生规划也都格外慎重。为此,哈佛告诉学生,在人生的旅途中,任何机会都可能给你带来意想不到的成功,因此,不要放弃任何一个哪怕只有万分之一的机会。

的确,现实中,很多人都能发现机遇,但却不是每个人都能借助机遇的风帆取得一番成就。其中的原因就在于发现机遇的某个人是否有争取机遇、抓住机遇和利用机遇的头脑。

托·富勒曾说,"一个明智的人总是抓住机遇,把它变成美好的未来。"青少年朋友们,可能你也发现,很多企业界的成功人士,他们身上都有一个共同的规律:他们的成功都来自一个特殊的机缘,但这机缘的出现,似乎又是注定的,因为他们总是用行动说话!作为华人首富,李嘉诚的名字可谓家喻户晓。他之所以能成为首富,也并非没有规律可循:从打工的时候起,他就是一个懂得为自己争取机遇的人。

李嘉诚的父亲是位老师,他非常希望李嘉诚能够考个好大学。然而,父亲的突然去世,使这个梦想破灭了:家庭的重担全部落到了只有十多岁的李嘉诚身上,他不得不靠打工来维持整个家庭的生计。他先是在茶楼做跑堂的伙计,后来应聘到一家企业当推销员。干推销员首先要能跑路,这一点难不倒他,以前在茶楼整天跑前跑后，早就练就了他一副好脚板，可最重要的，还是怎样千方百计把产品推销出去。

有一次，李嘉诚去推销一种塑料洒水器，连走了好几家都无人问津。一上午过去了，一点收获都没有，如果下午还是毫无进展，回去将无法向老板交代。尽管推销得不顺利，他还是不停地给自己打气，精神抖擞地走进了另一栋办公楼。

他看到楼道上的灰尘很多，突然灵机一动，没有直接去推销产品，而是去洗手间，往洒水器里装了一些水，将水洒在楼道里。十分神奇，经他这样一洒，原来很脏的楼道，一下变得干净起来。这一来，立即引起了主管办公楼有关人士的兴趣，一下午，他就卖掉了十多台洒水器。

李嘉诚这次推销为什么成功了呢？很简单，因为他明白客户的一个心理——别人说得再好，不如我看到的，不如我亲身体验的。所以在推销中，他经常都会主动、积极地为客户示范。在李嘉诚早年的推销工作中，他都很重视方法的运用，正因为善于思考、注重分析，李嘉诚的成交量总是比其他推销员多。纵观李嘉诚的奋斗历史，其实就是一个不断用方法来改变命运的历史。他能想到的，也就做到了，不断去实践就是为什么他能成功的原因。

人们常说，是金子总会发光，其实不然。不是每一位有才华的人就一定会飞黄腾达，当机遇不来的时候，怨天尤人也无济于事。当机遇来临的时候，犹豫不决、畏缩不前则是你自甘平庸的症结。

第10章 机遇面前果断抓住,让青春的心因此飞扬

"机遇是留给那些有准备的人",但同时,机遇也是需要我们主动创造的。那些甘于沉沦和平庸的人最终会沉沦和平庸下去,而那些主动执行、善于创造机会的人,则会从最平淡无奇的生活中找到一丝微弱的机会,他们用自身的行动改变了他们的处境。

因此,青少年朋友们,现在的你需要明白,未来社会,如果你想要干一番大事,你就要善于把握机会,绝不放弃。

生活中,一些人总是抱怨命运不公,得不到机遇的垂青,而实际上,你们这是在坐等机遇,而不是创造机遇,守株待兔通常会让机遇从身边溜走,梦想也就会随之成为泡影。

艾森豪威尔在各场战斗中都表现突出,因此,很受克拉克将军的赏识。

这一年,马歇尔打算在手下部将中挑选出一个人作为作战处副处长。他向陆军总司令部副主任克拉克询问意见,克拉克坚决地告诉他:"我推荐的名单上只有一个人的名字。如果一定要十个人,我只有在此人的名字下面写上九个'同上'。"这个人就是艾森豪威尔,他因才能出众而倍受克拉克器重。

马歇尔采纳了克拉克将军的意见,这成为艾森豪威尔一生中的转机。

人的一生机遇至关重要。但如果不努力,不提高自身素质,则机会很难降临。从艾森豪威尔的身上,可以得到这样的启示:机遇总是垂青于勤奋刻苦而博学多才的人。

人的一生机遇至关重要。但如果不努力,不提高自身素

质，则机会很难降临。从艾森豪威尔的身上，可以得到这样的启示：机遇总是垂青于勤奋刻苦而博学多才的人。

　　青少年朋友们，你要知道，当命运之神把我们推到这个社会，当我们胸怀壮志努力奋进，当我们列好计划即将一展宏图时，那就让我们立刻行动！只有实践才能让你赢得更多的机遇，才能时刻整装待发，冲刺成功！

哈佛启示

　　天上不会掉馅饼，你需要记住，为机遇努力、积累实力并不是一句空话，更需要你们付诸实践。

青少年坚持下去，让持续产生无穷的力量

　　生活处处充满机遇，一个人要想成功，除了要靠运气外，更多的还是需要我们在自己已经选择的道路上坚持下去，因为持续是一种力量。

　　我们都知道，机遇是与风险并存的。在机遇面前，只有少数人能抓住，这是因为很多人在看到机遇背后的风险便选择了放弃。现实案例告诉我们，百分之九十的失败者其实不是被打败，而是自己放弃了成功的希望。对于智者来说，不论面对怎样的困境、多大的打击，他都不会放弃最后的努力。因为成功与不成功之间的距离，并不是一道巨大的鸿沟，它们之间的差

别只在于是否能够坚持下去。

　　古人云："有志者，事竟成，百二秦关终属楚；苦心人，天不负，三千越甲可吞吴。"这句话的意思是说，只要我们坚持到底，无论梦想多大，都有实现的可能。我们常常发现有许多人在做事最初都能保持旺盛的斗志，然而，往往到最后那一刻，顽强者能咬紧牙关坚持到胜利；而懈怠者则放弃了希望，失去了自己应有的成功。

　　为此，哈佛告诉学生，任何一种策略，只有坚持才会有价值。也只有坚持到底的人，才能经受机遇的层层筛选，并最终获得它的垂青。

　　哈佛大学的教授曾经说过："坚持是机遇的种子，年轻人在求学和创业的道路上，在经过各种权衡比较之后，你要充分调动起自身的能量，在一段时间内只集中力量吃掉一件事。"其实，这个道理很简单，以挖井为例，当找到了水脉之后，就要奋力往深处挖，而如果挖几锹见不到水就换一个地方挖，那么，最终，你获得的不过是一个个的土坑而已。而在发掘中所消耗的时间精力，已经永远找不回来了。

　　要问成功有什么秘诀，丘吉尔在一次演讲时回答得很好："我的成功秘诀有三个：第一是，决不放弃；第二是，决不，决不放弃；第三是，决不，决不，决不放弃。"

　　被拒绝了1000次之后，还敢去敲1001次门的席维斯·史泰龙就是靠毅力走向成功的。他在未成名之时，身上只有100美元和一部根据自己悲惨童年生活写成的剧本《洛奇》。于是，他怀揣着梦想，挨家挨户拜访好莱坞所有的电影公司，但遗憾的是，没有一家公司愿意录用他。

当时好莱坞有五百家电影制片公司，史泰龙就被拒绝了五百次。面对五百次的拒绝，他依然没有灰心，他坚信，胜利就在下一秒。

于是，他开始了第二轮的拜访，从第一家公司开始，但结果依旧如此。再一轮的打击依然没有打倒史泰龙。他没有放弃希望，他把1000次的拒绝，当作是绝佳的经验。接着他又鼓励自己从1001次开始。后来又经过多次上门求职，总共经历了1855次严酷的拒绝，终于有一家电影制片公司同意采用他的剧本，并聘请他担任自己剧本中的男主角。

史泰龙的成功，更加证实了坚持的道理。在机遇面前。行动固然重要，但坚持更为重要。在追梦的过程中，青少年朋友们，你永远都不要放弃心中的希望，如果遇到困难，把困难当成人生的考验，不要在困难面前茫然退缩，更不要不知所措迷失自己，满怀希望地为着自己的梦想而努力，相信终有一天，你会走出低谷，走向光明。现实是美好的，但又是残酷的，关键在于面对困难，你是否具有韧性，能否坚持到底。

对于那些刚从校园里毕业的学生来说，哈佛教授告诉他们，年轻人做事切记要有长性，不懂得坚持，正是一些人之所以一生平庸的根源。

不得不承认的是，很多青少年朋友无论是在学习上还是在日常生活中，在开始的时候是一腔热血，然后是热情消退，最

第10章 机遇面前果断抓住,让青春的心因此飞扬

后完全放弃。这就是浮躁心理的表现,为此,你一定要克服这一心理,让自己的心沉静下来。

大哲学家苏格拉底有着非同常人的智慧,为此,很多人都来向他求教。

一天,学生问他:"老师,我也想成为和您一样的大哲学家,但我怎么样才能做到呢?"

苏格拉底说:"很简单,只要每天甩手300下就可以了。"

有的学生说:"老师,这太简单了,别说是甩手300下了,就是30000下也可以啊!"苏格拉底笑了笑没有说话。

一个月过去了,苏格拉底问:"那么,有多少同学每天坚持甩手300下啊?"很多学生都骄傲地举起了手,大概有90%的人。

又一个月过去了,苏格拉底又问:"还有多少同学在坚持啊?"这回比上次少了10%的人。

时间一天天地过去了,一年以后,苏格拉底还重复同样的问题:"还有同学在坚持每天甩手300下吗?"此时,大家都低下了头,因为他们都没有做到,这时,一个同学举起了手,他的名字叫柏拉图,他后来也成为了像苏格拉底一样的大哲学家。有人问他成功的秘诀是什么,柏拉图微笑着说:"甩手,而且甩得足够久……"

这个哲理故事同样告诉生活中的每一个青少年朋友,无论做什么事,如果你想成功,你就一定要克服浮躁心理,从小事做起,没有人生下来就是伟大的人。每天坚持做同一件小事也很不容易,就像每天甩手300下,一个月大部分人能坚持,一年

过去了却只有一个人能坚持，只有学习柏拉图这种坚持不懈的精神，这样才能成为像他和苏格拉底一样的人。

　　青少年朋友，生活在一个充满机遇的世界里，只要你加强知识的积累，拥有敢为天下先的创造意识和勇气，把握时机，那么你就会获得事业上的成功。每次陷入绝境就是一次挑战，只要坚持，总有一天你会成功！

哈佛启示

　　就如阳光总在风雨后一样，那些看清方向并一如既往坚持的人，他们总能看到困难中的机遇，同时克服机遇中的困难；他们总是在坚持理想，脚踏实地，持之以恒，最终获得更多更好地垫高自己的契机。

第11章　青少年敢字当头，年轻的心因勇气而强大

哈佛法学院教授德里克·博克曾说过："我早已致力于我决心保持的东西。我将沿着自己的路走下去，什么也无法阻止我对它的追求。"生活中，我们也经常听到这样一句话："世界从来都给无畏的人让路。"任何困难在毫无畏惧的人面前都将失色，他们总是能乘风破浪，不给畏惧任何侵袭自己的机会。"勇敢"是一个青少年必不可少的品质。要取得成就有很多必要条件，其中的一条非常重要，那就是：勇气。青少年朋友们，你要记住，勇敢的人到处有路可走，并会越走越宽。

脚下的路再难走，少年跪着也要走完

人的成长和成熟都需要一个漫长的过程，一个人，只有走过了命运和上天给你的种种考验，才能成为真正的强者。

我们不得不承认，人与人先天就存在差异，这是不可回避的事实。然而，真正的强者不是拥有完美的人生，而是勇于接受各种磨炼，只有这样，他的翅膀才会更坚硬，才能飞得更高、更远。

哈佛告诉学生，不要埋怨生活的不幸，请记住，上帝没有

给你一条更为平坦的路，是因为他要让你更快地成熟。

在哈佛的课堂上，学生们经常能听到史蒂芬·威廉姆·霍金的故事：

家喻户晓的史蒂芬·威廉姆·霍金1942年出生于英格兰。

在他还不到20岁的时候就患上了一种不治之症——肌肉萎缩症，而且，随着时间的推移，他的自主活动能力越来越弱，到最后，他只能借助轮椅活动，并且，医生告诉他，他的下半生都极有可能离不开轮椅了。面对这样的打击，霍金并没有自暴自弃，而是继续学习和科研，一直以乐观的精神和顽强的毅力攀登着科学的高峰。

后来，霍金毕业于牛津大学，毕业以后，他长期从事宇宙基本定律的研究工作。他在所从事的研究领域中，取得了令世人瞩目与震惊的成就。

曾经，在一个学术报告上，一个女记者居然问及了一个令在场所有人都感到吃惊的问题："霍金先生，疾病已将您永远固定在轮椅上，您不认为命运对您太不公平了吗？"

这个问题，显然是最触及霍金的神经的，也是不好回答的，当时，现场鸦雀无声，没人会知道霍金怎么回答。

霍金听完这个问题后，缓缓地将自己的头靠在椅背上，然后微笑着，用自己唯一能动的手敲打着键盘，这时，屏幕上显示出这样一段话："我的手指还能活动，我的大脑还能思维；我有我终生追求的理想，我有我爱和爱我的亲人和朋友。"

顿时，报告厅里响起了长时间热烈的掌声，那是从人们心

底迸发出的敬意和钦佩。

科学巨人霍金就是这样一位生活的强者,他再次向每个青少年证明,即使你满身缺点,你还有可以引以为豪的优点,这些优点一样可以让你自信。而实际上,没有人是毫无缺点的,只是在你的内心这个缺点的份额的大小问题,如果你将缺点无限制放大,那么,它将会腐蚀你的心,阻碍你的成长。如果你能正视那些不足和缺点,并将缺点限制在一定的范围内,它就会成为你努力和奋斗的催化剂,助你成长、成功。

然而,在面对不幸时,总有人不停地抱怨,不断地自责。这样一来,将自己的心境弄得越来越糟。这种对已经发生的无可弥补的事情不断抱怨和后悔的人,注定会活在迷离混沌的状态中,看不见前面一片明朗的人生。之所以这样,是因为经历的磨炼太少。正如俗语说的那样:天不晴是因为雨没下透,下透了,也就晴了。

曾经有一对孪生兄弟,哥哥叫伊恩,弟弟叫杰森,兄弟二人帅气十足,但命运是不公的,他们遭遇了一场火灾事故,所幸消防员从废墟里扒出了他们兄弟俩,他们是那场火灾中仅幸存下来的两个人。

醒来后,兄弟俩早已面目全非。弟弟杰森无法接受眼前的现实,无法活下去的念头从他的思想走进了他的潜意识,他总是自暴自弃地重复着一句话:"与其这样还不如死了算了。"于是,最终,他偷偷服了50片安眠药,离开了人世。

伊恩十分痛苦,但他仍然一次次地暗示自己:"我生命的价值比谁都高贵。"后来，他当了一名货车司机。

一天，伊恩仍像往常一样送一车棉絮去加利福尼亚州。天空下着雨，路很滑，他把车开得很慢。此时，他发现不远处的一座桥上站着一个人。伊恩紧急刹车，汽车滑进了路边的一条小水沟里。他还没有靠近那个年轻人的时候，年轻人已经跳进了河里。年轻人被他救起后还连续跳了三次，最后一次伊恩救人时差点被大水吞没。

后来伊恩才知道，他救的是位亿万富翁。亿万富翁感激他给了他第二次生命，并和伊恩一起干起了事业。伊恩从一个积蓄不足10万元的司机，凭着自己的诚信经营，发展成了一个拥有3.2亿元资产的运输公司的董事长。几年后医术发达了，伊恩用挣来的钱整好了自己的面容。

一对孪生兄弟，为什么命运如此不同？因为他们的心态不同，面对毁容，弟弟杰森无法接受，选择自杀结束了自己的生命，而伊恩却始终告诫自己，自己的生命价值比谁都高贵，他努力活了下来，后来，他用同样的信念救了另外一个轻生的名人，从而改变了自己的命运。

总之，青少年朋友，你要记住，任何收获都不会轻易得到。如果你的生命中多了些安逸，那么，你就少了些张力。如果你能笑对各种磨炼，你就能获得成长。

哈佛启示

年轻人，因为你还稚嫩，还没有经历过磨难，所以，你应

第11章 青少年敢字当头，年轻的心因勇气而强大

该勇敢地面对生活。如果你能积极地接受生活给予的一切，那么，你就是生活的强者。

82岁毕业的伊丽莎白——一切都为时不晚

只要你踏出第一步，脚下的路就会慢慢延伸，你就能向目标迈进。

在哈佛，有这样一位特殊的毕业生，她的名字叫伊丽莎白，她82岁从哈佛大学毕业。她之所以能成为哈佛人敬重的对象，并不是因为她已年迈，而是因为她有一颗勇敢的心。

又是一年毕业典礼，这一天，伊丽莎白和其他毕业生一样身穿学士服，头戴黑色学士帽，她从校长手中接过自己的学士毕业证书。另外，她还被颁发了一项表彰其学术成就和品德的奖项。在这一刻，伊丽莎白是激动的。她的勇气终于有了收获。

事实上，伊丽莎白能拿到哈佛大学的毕业证书，也是一个相当艰难的过程。

1941年，伊丽莎白就高中毕业了，随后，她结婚了，并生了4个孩子。再后来她有幸成为了哈佛大学健康服务部的员工，在哈佛大学工作，她被学校这种浓厚的学习氛围感染，慢慢地，她开始穿梭于各个课堂之间，旁听各种课程。

就这样过了很多年，伊丽莎白并没有正式注册成为哈佛的

学生，因为她认为自己根本没有能力完成这个课程。然而，就在9年前，她的同事和同学都开始鼓励她，这让她又产生了争取学位的念头。

此时的伊丽莎白已经是73岁的高龄。对于这样年纪的人来说，安享晚年应该是最好的选择，但伊丽莎白不甘心，她告诉自己，一定不能就这样放弃。于是，她再次鼓起勇气，走进了哈佛的课堂，为此，她还给自己制订了十年的目标，也就是要在83岁之前从哈佛毕业。

如今满脸皱纹的伊丽莎白在哈佛工作了25年，学习了20年，攻读了9年学位，最终赶在自己的孙女之前获得了本科学历。

在哈佛，伊丽莎白可谓是一位独特的学生。许多教授，都以伊丽莎白的事迹作为案例，鼓舞学生：树立信心、果敢尝试，走属于自己的路。

的确，生活中，有太多的人，他们把一生浪费在了等待中，他们白白浪费了宝贵的生命。多少人，他们曾经是一个英姿飒爽的少年，但如今却已步履蹒跚。青少年朋友们，如果你不想重蹈他们的覆辙，你就要告诉自己，选择去尝试，勇敢一点，才不会让自己后悔。

人生就是如此，只要你敢于跨出第一步，你就能朝着目标不断迈进。无论你的梦想和目标是什么，只要立即开始行动，就能实实在在地看到成功的希望。这一点被许多人所忽略，其结果都是以失败告终。

哈佛人认为：扭转人生的第一步，就在于抛却一切负面想

第11章 青少年敢字当头,年轻的心因勇气而强大

法,然后大胆地尝试,从迈出一小步开始,然后再尝试迈出一大步,这样你将发现许多能使你变得更好的方法。

约翰是一名保险推销员,除了工作,他最喜欢拿着猎枪和鱼竿到森林里去。一次,他突然想:我为什么不可以尝试在这些地方推销保险?这地方虽然荒凉,但沿着阿拉斯加铁路那几百公里的线路上,仍有不少铁路工人定居。没有哪个保险推销员愿意来这里展开业务,虽然这想法有些大胆,但约翰想到做到,他立即着手制订计划,做好一切准备。此后,约翰一直往返于铁路沿线,向那些铁路工人推销保险单,同时,他也像往常一样走遍大山,钓鱼,打猎。人们很喜欢他,亲切地称呼他"徒步约翰"。一年过去了,约翰的业绩竟然超过100万美元。

这个故事告诉每个青少年,凡事只有敢于尝试,才能产生奋斗的激情,才能去完善、去超越,去增添勇气、创造奇迹。不行动,一切都不会实现。

事实上,人们经常会下决心去做一件事,但真正果断地去尝试的却只有少数,也只有少数人才是最后的成功者。对于那些不付诸行动的人,他们也知道尝试的重要性,但是迟迟不愿意行动,结果又产生负疚感,造成意志瘫痪。很多情况下,人们与其说是因为恐惧而不去行动,毋宁说是因为不去行动而导致恐惧。许多事情的难度都由于我们的犹豫和摇摆加大了。

可见,勇于尝试需要人们有一种开拓进取的精神,鲁迅先生曾经说过:"其实地上本没有路,走的人多了,也便成了路。"所以他十分赞赏"第一个吃螃蟹的人",赞赏那些在人

管好自己我可以

类前进道路上披荆斩棘的人。

有两个都想过富裕生活的人，其中一位是满腹经纶的教授，另一位是目不识丁的文盲，两个人是邻居，为了共同的目标经常一起聊天。每次，教授都滔滔不绝地讲他的致富理论，各种办法层出不穷；那位文盲也不多说，只是认真地听，并且不停地照教授的办法去行动。

过了几年，文盲当真成为了百万富翁，教授却还是原地踏步，只是没忘了继续他的高谈阔论。

这个故事同样说明：坐而言不如起而行。一个人，只有立即行动起来，才能真正创造价值，继而持续行动，才能获得成功。

对于青少年朋友来说，现在的你就如同一张白纸，所以你必须从零开始学习，而一味抱怨、不付诸行动，你将永远停留在零的阶段。而只要你去做，你的人生就将无限精彩！

生活中，我们常常听到人们说"成王败寇"，似乎只有那些成功才能带来价值，其实不然，那些敢于尝试的人，他们的人生，也会丰富多彩，熠熠放光。经过尝试，我们会发现自己具有取之不竭的智力潜能，会发现生命中潜藏着许多连自己也无法想象的能力。日本作家中岛薰曾说："认为自己做不到，只是一种错觉。"而如果你不去尝试，这些能力永远也没有机会大放异彩。尝试，是铸造卓越与杰出人生的一种方式，是事业成功的一条重要途径。

哈佛启示

人生需要选择，需要你果敢地去拼搏，去行动，去做自己该做的事情，哪怕你很畏惧，哪怕你很犹豫，如果摆在你面前的路是正确的，你就要立即行动起来。

少年心中有信念，就有无穷的力量

信仰就像一盏明灯，能指引我们朝着正确的方向前进。

在哈佛的学生中，曾经有一个"傻子"，大家之所以认为他是"傻子"，因为他的想法令人匪夷所思。他是个多才多艺的人，他的理科成绩几乎每门功课都是满分，他的小提琴水平也达到了顶尖水平。为此，麻省理工学院和朱利亚音乐学院都争相录取他，但他却选择了进哈佛的神学院，很明显，神学院毕业的学生可能连工作都找不到，那么，他为什么选择了这条路呢？

对此，他是这样回答的，"现在的我还年轻，钱可以慢慢挣，但是关于信仰，关于神的问题，这些是我一生都必须要做的功课，如果不做好这些功课，那么，我一天都不能安宁。我读书不是为了职业，而是为了我的人生。"

读书不是为了工作，而是为了人生，为了自己的信仰。这样的话在现在思想较为开放的学校中也不曾听说过。我们提到

管好自己我可以

"信仰"一词,所谓信仰,是对某种主张、主义、宗教或某人极其相信和尊敬。能够激发灵魂的高贵与伟大的,只有虔诚的信仰。在最危险的情形下,最虔诚的信仰支撑着我们;在最严重的困难面前,也是虔诚的信仰帮助我们获得胜利。

现代社会,随着物质水平的提高和文化的多元化,在年轻一代的青少年朋友心中,对于崇高的信仰的追求似乎正在慢慢淡化,而这也是很多人心灵没有归属感的原因。因为只有忠实于崇高的信仰,心才有归属的暖巢。因为只有积极向上的信仰,才会有良好的精神状态。一个人,如果有了积极向善的精神状态,那么,即使身处逆境,也不会感到恐惧,也总是心存希望,不会放弃,能够坦然面对困难,并积极寻找解决问题的办法。同时,也只有信仰,让我们坚持做人的原则,而不至于在社会大潮的洗礼中倒戈。

其实,人世中的许多事,只要想做,并坚信自己能成功,那么你就能做成。这正是信仰的作用。世界著名博士贝尔曾经说过这么一段至理名言:"想着成功,看看成功,心中便有一股力量催促你迈向期望的目标,当水到渠成的时候,你就可以支配环境了。"

也就是说,青少年朋友们,只要你有个积极向上的信仰,你的心中也就有了一杆秤,那么,你在社会生活中,不管干什么,就都有了自己的原则。这里的原则既包括办事的方法,也包括为人、处事的立场、主见。如果一味地迁就、顺从别人,实际上是软弱的表现。过于软弱,就会逐渐失去自信力,而没有信仰的人是很难成就什么大事业的。

2002年获诺贝尔和平奖的美国总统吉米·卡特入主白宫前,当过海军军官、农场主和佐治亚州州长。执政时尽管他的决策并不完全尽如人意,但是,他的个人品格和工作作风还是赢得了美国人民的广泛赞誉。

吉米·卡特在读中学的时候,班主任朱莉娅·科尔曼小姐关爱她班上的每一个学生。她告诉他们:"我们应该随着时代的变迁而调整自我,但是我们信守的原则是不变的。"朱莉娅小姐当年所要告诉学生们的是,我们应该时时分析新情况,然而无论是在选择相守终生的伴侣还是在艰难时刻、考验时刻或是遇到诱惑须做出困难的决定时,我们都不仅要适应这些新的挑战,还应该坚守我们所学到的某些原则,如公平、正直、忠诚等。

长大以后,卡特对朱莉娅小姐的话有了更深的理解,并始终坚守从朱莉娅小姐那里所学到的基本原则。在总统就职演说中,他引用了朱莉娅小姐的话:"随着时代的变迁而调整自我,但信守不变的原则。无论我们面临着多么大的困难,我都决心让我自己和美国人民信守真正的正义与真理的信仰。"

吉米·卡特总统善于反躬自省,总是乐于面对自己的缺点,并设法自我改正。卡特十分勤奋而又能自律,同时坚信积极思考的力量。"他是个最守纪律的人",吉米的朋友们众口一词地这样评论他。

卡特对那些没有尽最大努力的人常常不能容忍。在他任州长时，有一次，他因公和一位佐治亚州的专员同机外出。早晨7点钟，卡特已在飞机上等候了，只见那位专员正匆匆忙忙地在亚特兰大航空站的跑道上奔跑而来。这时飞机正好滑行到跑道上，卡特虽然看到了那个人，还是命令驾驶员准时起飞。"他不能按时到达这里，这实在太遗憾了。"他厉声地说。

他一直是像在就职演说中宣称的那样去做的："我们知道'多些'未必就是'好些'；即使我们这个伟大的国家也有其公认的局限性；我们既不能回答所有的问题，也不能解决所有的问题……总的来说，我们必须为了共同的利益而牺牲个人的精神，去尽我们最大的努力把事情做好。"

卡特之所以能得到美国人民的好评，获得如此至高的荣誉，就是因为他一直记住当年朱莉亚小姐的那句话。正是这样的信仰，使他能做到坚持遵守纪律，坚持自己的原则，并努力做到最好。

总之，青少年朋友们，你需要记住，信仰具有无穷的力量。只要你追随自己的天赋和内心，你就会发现，你的生命被赋予了更高的意义，你不再消磨光阴，而是在让时间闪闪发光。

哈佛启示

信仰的力量是伟大的，唯有怀抱信仰，才会拥有希望。《肖申克的救赎》里说："恐惧让你沦为囚犯，希望让你重获自由。"在心底坚守这希望，怀抱这信仰，你就拥有无穷的力量。

第11章 青少年敢字当头，年轻的心因勇气而强大

鼓足勇气，大不了置之死地而后生

机遇面前，敢拼才会赢，有破釜沉舟的勇气和决心，才能给自己一个向生命高地发起冲锋的机会。

哈佛告诉学生，成功与胆量有着莫大的关系，有胆量的人才有资格拥有成功。那些在取得了一点成就后就安于现状的人，最终，只能陷于平庸。有胆量，敢于破釜沉舟的人，才会置之死地而后快，实现新的突破。在哈佛，比尔·盖茨应该是勇气的最佳榜样。

在比尔·盖茨看来，成功的首要因素就是冒险。在任何事业中，把所有的冒险都消除掉的话，自然也就把所有成功的机会都消除掉了。他自己的一生当中，最持续一贯的特性就是强烈的冒险天性。他甚至认为，如果一个机会没有伴随着风险，这种机会通常就不值得花心力去尝试。他坚定不移地认为，有冒险才有机会，正是有风险才使得事业更加充满跌宕起伏的趣味。

他是一个具有极高天分、争强好胜、喜欢冒险、自信心很强的人，他在本行业的控制力是惊人的，以致有评论说：微软公司正在屠杀对手，看来似乎几近垄断软件工作。

事实上，对冒险精神的培养，比尔·盖茨从学生时代就开始了。他在哈佛的第一个学年故意制订了一个策略：多数的课程都逃课，然后在临近期末考试的时候再拼命地学习。他想通过这种冒险，检验自己怎么花尽可能少的时间，而又能够得到

最高的分数。他做得很成功，通过这个冒险他发现了一个企业家应该具备的素质：如何用最少的时间和成本得到最快最高的回报。

他总是在培养自己好斗的性格，因而被人骂做"红眼"（人在紧张时肾上腺素冲进眼睛，导致眼睛通红）。久而久之，他成为令所有对手都胆怯的人物，因为他绝对不服输，绝对不会退缩，绝对不会忍让，更不会妥协，直到他自己取得了胜利。这种个性成为他创业时期的最明显的特征，他令一个个对手都败在了自己的手下。

但是他同时又是一个最不满足的人。到了20世纪90年代，他已经成了世界首富，但是不满足的心理依然驱动着他继续自己的冒险事业。他在一次接受记者的采访时说："我最害怕的是满足，所以每一天我走进这间办公室时都自问：我们是否仍然在辛勤工作？有人将要超过我们吗？我们的产品真的是目前世界上最好的吗？我们能不能再加点油，让我们的产品变得更好呢？"

任何一个青少年朋友，也都要有盖茨的敢作敢为的勇气和永不满足的精神。的确，风险可能会导致你失败，但也会使你获得意想不到的收获，不冒风险看似安全，但它只会使你的一生在平庸中度过。

我们发现，有很多人，他们刚开始时都满怀理想，但在社会上打拼几年后，越发感到衣食住行等实际需要的重要性，于是，在获得了一份稳定的饭碗之后，往往就会在时间的消耗下

第11章 青少年敢字当头，年轻的心因勇气而强大

失去进取的锐气，无奈地满足眼前的一切。

哲人说，自己是最大的敌人，人有时最难突破的，就是自身的局限性。这就是为什么我们会发现那些处于困境中的人最终会取得比那些已经取得温饱的人更有作为。想迈开脚步大干一场，又不舍得抛开自己现有的温饱的保障，如此瞻前顾后，必定无所作为。

据社会学专家预测，未来的社会将变成一个复杂的、充满不确定性的高风险社会，如果人类自由行动的能力总在不断增强的话，那么不确定性也会不断增大。青少年朋友们，你应该意识到，各种变化已经在我们身边悄然出现，勇敢地投身于其中的人也越来越多了，而如果你不积极行动起来、缺乏竞争意识、忧患意识，安于现状、不思进取，如果你还没被惊醒的话，就会被时代所抛弃，被那些敢于冒险的人远远甩在后面。敢于第一、充满冒险精神，是每个成功的哈佛人给我们的启示。

看那些成功者的历史，我们不难发现，他们即使到了山穷水尽的地步也没有失去勇气，他们会选择背水一战，尽管他们知道前面的路十分艰险，但他们更知道，不冒险就做不到破釜沉舟，没有这一步，人生就是一潭死水，淹没的是一个人的挑战性和创造性。

然而，很多人也深知机遇和风险并存的道理，只是在他们的理想之中，一直想寻找一个进可攻退可守的山头。事实上，抱着撤退的目的打仗的人，在气势上已先输了一阵，最终也难逃随波逐流，混一口粗茶淡饭的格局。

生活中，很多人渴望得到成功，渴望开创自己的事业，但每每考虑到会有失败的可能，他们就退缩了。因为他们怕被扣上愚昧的帽子，遭到别人取笑；他们不敢否认，因为害怕自己的判断失误；他们不敢向别人伸出援手，因为害怕一旦出了事情而被牵连；他们不敢暴露自己的感情，因为害怕自己被别人看穿；他们不敢爱，因为害怕要冒不被爱的风险；他们不敢尝试，因为要冒着失败的风险；他们不敢希望什么，因为他们怕失望……这种可能会遇到的风险，让那些不自信的男孩们畏首畏尾，举步维艰，他们茫然四顾，不知道自己的出路在何方，殊不知，人生中最大的冒险就是不冒险，畏首畏尾只会让自己的人生不断倒退。

在现代社会，不敢冒险就是最大的冒险。没有超人的胆识，就没有超凡的成就。

青少年朋友，你也需要和哈佛人一样，勇敢地冒险，勇于尝试，这样，你就有了做成功者的机会。胆量是使人从优秀到卓越的最关键的一步。

哈佛启示

在这个时代，墨守成规，缺乏勇气的人，迟早会被时代所抛弃。处处求稳，时时都给自己留有退路，这是一种看似稳妥却充满潜在危机的生存方式。

第12章　青少年学习合作，借助团队的力量成就自我

哈佛告诉学生，要获得成功，就必须有一个好的人际圈子，仅凭一个人的能力是很难完成自己的事业的。只有人们愿意帮你，不断地给你提供各种资源，你才能有更多的成功机会。的确，"团结就是力量"，这个时代是一个竞争空前激烈的时代，一个人的力量十分有限，唯有团队的力量才是不可估量的，也是达到成功目标的唯一的能力者！青少年朋友们，你也要学会善待他人、尊重他人，学会与人相处，只有这样，才能逐渐形成善于与人合作的能力，才能借助集体的力量赢得成功！

微笑效应：微笑是你交往的第一张名片

人们对于那些报以微笑的人似乎总是多一份好感。微笑是一种易于被接受的非言词信号，给人以友好、热情的印象。

心理学上有个著名的微笑效应：

一名销售人员的心情很好，他给了客户一个微笑，客户的心情也变好了，回到家，他也给了孩子一个微笑，儿子的心情也变好了，他到学校也给了所有同学一个微笑，微笑就这样传开了。

于是，心理学家得出这样一个结论：微笑能发出善意的信号，能拉近人与人之间的距离。

拿破仑希尔这样总结微笑的力量："真诚的微笑，其效用如同神奇的按钮，能立即接通他人友善的感情，因为它在告诉对方：我喜欢你，我愿意做你的朋友。同时也在说：我认为你也会喜欢我的。"

很多成功的哈佛人也都指出，微笑是与人交流的最好方式，也是个人礼仪的最佳体现。我们可以从日常观察中发现，没有谁喜欢看到与之交往的对象愁眉苦脸的样子。

因此，青少年朋友们，人际交往中，你若希望给对方留下一个好印象，就一定要学会露出受人欢迎的微笑才行。因为在这个世界上，没有什么东西能比一个灿烂的微笑更能提升你的个人魅力，更能打动人心的了。

俗话说得好，伸手不打笑脸人，对于别人善意的微笑，我们怎么可能会拒绝呢？卡耐基说，笑容能照亮所有看到它的人，像穿过乌云的太阳，带给人们温暖。

卡耐基鼓励成千上万的商人，花一个星期的时间，每天24个小时，都对别人微笑，然后再回到班上来，谈谈所得的结果。情形如何呢？威廉·史坦哈是好几百人中的典型例子。

"我已经结婚18年多了，"史坦哈说，"在这段时间里，从我早上起来，到我要上班的时候，我很少对我太太微笑，或对她说上几句话。我是百老汇最闷闷不乐的人。"

"既然你要我以微笑的经验发表一段谈话，我就决定试个

第12章　青少年学习合作，借助团队的力量成就自我

一星期看看。

"现在，在我去上班的时候，会对大楼的电梯管理员微笑，并说一声'早安'，我也微笑着跟大楼门口的警卫打招呼；我对地下火车的出纳小姐微笑，当我跟她换零钱的时候；当我站在交易所时，我对那些以前从没见过我微笑的人微笑。我很快就发现，每一个人也对我报以微笑。我以一种愉悦的态度，来对待那些满肚子牢骚的人。我一面听着他们的牢骚，一面微笑着，于是问题就容易解决了。我发现微笑带给我更多的收入，每天都带来更多的钞票。

"我跟另一位经纪人合用一间办公室，他的职员之一是个很讨人喜欢的年轻人、我告诉他最近我所学到的做人处世哲学，他很为所得到的结果而高兴。他接着承认说，当我最初跟他共用办公室的时候，他认为我是个非常闷闷不乐的人，直到最近，他才改变看法。他说当我微笑的时候，我充满慈祥。"

可以说，是微笑让威廉·史坦哈的人际关系有了巨大的改善。的确，我们每天都要面对烦琐的生活，都要面临工作的压力，我们常常忘记微笑是什么，该怎样微笑。但如果你想成为一个受人欢迎的人，就不要皱着眉头了，学会微笑吧，让你的笑容感染他。

总之，人际交往中，你若对他人报以微笑，就会让对方被我们的善意和热情所打动，久而久之，他们也会对我们回以微笑。

然而，可能很多青少年朋友会说自己不苟言笑，那么，你不妨采取以下几点训练方法：

1. 对镜微笑训练法

当你闲来无事时，你可以尝试以下这种训练微笑的方法：先坐在镜子前，整理一下自己的衣服，闭上你的眼睛，调整你的呼吸使之匀速。然后开始深呼吸，让你的心静下来，接下来，睁开眼睛，镜子里的你是不是看着清爽了很多，既然如此，那么，笑一笑吧！让你的嘴角微微翘起，舒展你的面部肌肉。如此反复，训练时间长度随意。这是一种最常见并有效的训练方法。

2. 经常对周围的人发自内心地微笑

你应该注意的是，微笑并不是简单的脸部表情，它应该体现整个人的精神面貌。所以，我们可以在平时多对周围的人发自内心地微笑。这样，就能避免在与他人沟通时僵硬地笑了。

3. 微笑时要心存友善

只有友好的笑容，才能让他人感受到你的诚意，也才是自然的，能感动他人的。人们常说："伸手不打笑脸人"，因为微笑是一种力量，它有一种赢得对方欢心的魅力，可以让你产生无穷的亲和力。

其实，微笑本身和个性的内向与外向无关，只要肯去训练，任何人都能拥有迷人的微笑。

当然，这并不是要你时刻都强颜欢笑，而是当你在遇见熟人或者结交陌生人的时候舒心地微笑一下，它可以展示你开放的交谈态度。

请展现你的微笑吧，当你出门时，请对你的父母笑一笑；

当你来到学校时,请对同学、老师笑一笑;当你上了公交车时,请对售票员笑一笑……请对你见到的所有人微笑,你很快就会发现,每一个人也对你报以微笑。对方看到你真诚、愉快的笑脸时,他们就会体验到一种友好、融洽、和谐的欢乐气氛,并因此而深受感染、乐在其中!

哈佛启示

当我们对他人微笑时,传递的是友好、渴望沟通的信息,对于对方来说,也自然能感受到你的暗示,那么,他们通常都会同样以微笑来回答你。

尊重法则:每个青少年要懂得尊重他人

尊重他人的人,往往能够被更多的人记住,也会得到更多人的帮助。

我们都知道,人都是社会的人,都生活在一定的社会群体中,都不可能做到"与世隔绝",我们与人打交道的过程中,不仅要考虑自己,还要考虑他人。对于青少年来说,在未来社会,你更需要与人合作,单打独斗不可能有所作为,为此,你更应该看到修炼人际交往能力的重要性。而在此之前,你应该明白的一点是,人际交往,贵在互相尊重。因为人们生而平等,每个人的人格也都是平等的,没有贵贱之分。对人不尊

203

重，首先就是对自己的不尊重。

　　心理学家告诉我们，尊重是互相的，尊重他人才能赢来尊重，这就是"尊重法则"。尊重他人是人际交往的第一原则，也是一种美德。

　　哈佛学子亨利·梭罗曾说过："谁若想在困厄时得到援助，就应在平日待人以宽。"每一个哈佛学子都是优秀的，他们就读于世界一流的学府，他们在毕业后多半都能在事业上有所成就，但他们并没有因此而觉得高人一等。他们依然虚心学习，对待老师和同学他们也是谦虚有礼。

　　每一个青少年朋友，也应该以哈佛学子为榜样。尊重他人的人也会受到别人的尊敬，因为懂得尊重能够唤醒别人的自信和奋斗的动力，指引别人成功。

　　世界著名的文学家萧伯纳一次到苏联访问，在街头遇见一个聪明伶俐的小姑娘，就和她一起玩耍。离别时，萧伯纳对小姑娘说："去告诉你妈妈，今天和你玩的是世界著名的萧伯纳。"不料，那个小姑娘竟学着萧伯纳的语气说："你回去告诉你妈妈，今天和你玩的是苏联小姑娘卡嘉。"这件事给萧伯纳很大的震动，他感慨地说："一个人无论他有多大的成就，他在人格上和任何人都是平等的。"

　　这是一个小故事，但却告诉所有的青少年朋友，即使是世界文豪萧伯纳，在人格上也与一小姑娘无异。的确，我们应该明白，要做到具有人格魅力，不论你有多大的成就，都应该放下架子平等待人。只有尊重别人，你才会获得对方同样的尊重。

在英国还有这样一个故事：

一次，女王维多利亚忙于接见王公，却把她的丈夫阿尔倍托冷落在一边。丈夫很生气，就悄悄回到卧室。不久有人敲门。丈夫问："谁？"回答："我是女王。"门没有开，女士又敲门。房内又问："谁？"女王和气地说："维多利亚。"可是门依然紧闭。女王气极，但想想还是要回去，于是再敲门，并婉和地回答："你的妻子。"结果，丈夫马上笑着打开了房门。

维多利亚女王是个很伟大的女性，可是她在丈夫面前只是一个妻子，她和她的丈夫是平等的。而当今社会很多人因为自己拿着高收入、拥有可以炫耀的资本，就自认为高人一等，面对他人，他们也总是摆出一副"上上人"的姿态，这样的人也很难获得别人的尊敬。

杰姆·费雷是美国历史上很有影响力的一个人，他成功地帮助富兰克林·罗斯福当上了美国总统。但可能我们根本不会想到的是，他从来就没有机会接受教育。

年少时候的他曾在一家瓦窑做学徒，每天烧瓦片，然后置于阳光下晒干，但他并没有听从命运的安排。他的人生就因为能成功记住他人的名字，而发生了巨大的变化。

虽然杰姆从不知道上学的滋味是怎样的，但截至46岁，他已经获得了美国的四所大学的荣誉博士的学位，并且，他还是美国的邮政总监，美国民主党委员会的主席。

对此，有人问他成功的原因，杰姆的回答居然是他可以叫出五万人的名字，而这也是因为他可以帮助罗斯福进入白宫，成为美国总统的原因。这大概就是记住他人名字的神奇效应吧。

在富兰克林·罗斯福开始竞选总统的前几个月，杰姆的工作很多，刚开始的一段时间，他每天需要写好几百封信给西部以及西北的各个州的人。

然后，他需要走访西部那些人，他登上了火车，在19天之内，行程12000千米，足迹遍及20个州，用遍了马车、火车、汽车、快艇这些交通工具。

每到一站，他都会停下来与接见他的人一起共同进餐，并进行一番亲切的交谈，然后继续他的旅途。

杰姆一回到美国东部，就立即给那些自己曾经遇到的小城镇中的人写信，并请对方帮忙。但这些人实在太多了，需要写信的人也实在太多了，但到最后，他们却都收到了杰姆的信。并且，这些信中，杰姆都是这样开头的："亲爱的比尔"或"亲爱的杰恩"，而最后总是签着"杰姆"的名字，结果，他的这一做法帮助富兰克林·罗斯福拉取了大量的选票，使其成功地当上了美国总统。

故事中，杰姆能记住所有选民的名字，体现了他对所有人的尊重，而这也让选民对他产生了好感，最终把宝贵的一票投给了罗斯福。

青少年朋友们，在日常的交往中，如果你也能做到尊重每一个人，那么，你也能得到他人的青睐。

的确，尊重不仅是现代交际中的一项基本原则，更是最重要的原则。因此从心理学的角度看,每个人都有被人尊重的要求,谁也不希望自己被人贬低。因此,任何不尊重他人的行为都是不利于建立和谐的人际关系的。

哈佛启示

尊重别人是一种心态,更是一种习惯和修养,所以,不要根据别人是否尊重你或尊重你几分来决定你对别人尊重多少,而应发自内心地去尊重别人。

海格力斯效应:戒除敌意,做心怀善念的少年

冤冤相报何时了,真正的智慧是以德报怨,用宽容来回报伤害,我们的生命会因此拓宽,我们的世界会呈现化干戈为玉帛的祥和。

希腊神话故事中有位英雄大力士,叫海格力斯。一天,他在路上看见有个鼓起的袋子样的东西,很难看,便踩了它一脚。谁知它反而膨胀起来,这激怒了海格力斯。他操起一根木棒砸下去,结果它竟膨胀到把路也堵死了。这时一位圣者走到海格力斯跟前说:"朋友,快别动它了,忘了它,离它远去吧。它叫仇恨袋,你不惹它,它便会小如当初;你若侵犯它,它就会膨胀起来与你敌对到底。"

"以牙还牙,以眼还眼""以其人之道还治其人之身",

这就是心理学上的"海格力斯效应"。海格力斯效应是指一对一的人际互动，是一种人际间或群体间存在的冤冤相报、致使仇恨越来越深的社会心理效应。海格力斯效应会使人陷入无休无止的烦恼之中，错过人生中许多美丽的风景，再没有真正的快乐，再没有新的进步了。

我们生活的周围，这样的现象比比皆是，两人因为一件小事发生误会，便心生怨气，互相指责，矛盾进一步升级，最终导致老死不相往来的境地。

其实，"海格力斯效应"是人们自私、狭隘心理的表现，如果彼此都退一步，那么，矛盾便烟消云散了。

青春期是个情绪化的年纪，也很容易因为周围的一些小事而产生愤怒和仇恨的情绪，但如果你希望自己拥有良好的人际关系，就要大度一点，忘记仇恨，这样，你的社交之路才会通畅，你才能实现与他人良好的合作。

古人云，"以牙还牙，以眼还眼"，这大致就是"海格力斯效应"在生活中最直接的显现，也是人们在发泄仇恨时最容易采取的手段和方式了。而古往今来，在漫漫的历史长河中，正是因为这一心理，酿成了多少冤冤相报的历史悲剧。看"二战"后，阿拉伯国家和以色列之间的血流冲突，为中东稳定及世界和平带来了多少灾难性后果；而曾经古希腊与特洛伊之间仅仅为了一个女人，展开了数十年的争夺之战……回望历史，冤冤相报给人类造成太多痛苦和悲剧，留下无数遗恨和灾难。诚然，许多悲剧性事件的发生具有复杂的原因，但争端无不起源于双方的互不相让和冤冤相报。是啊,如果人类在仇恨面前能冷静下来,以宽容的心态面对,能够放弃不必要的争斗,并以德报怨,许多悲剧是可以避免的,甚至历史可能会呈现一种别样的美丽。

为此,哈佛告诉他的学生们,以怨报怨是社会效用最差的选择,很容易让我们陷入冤冤相报的泥潭,而相反,以德报怨则是一种力量,它能化解人与人之间的矛盾,能帮助我们赢得友谊与信任。

魏国边境靠近楚国的地方有一个小县,一个叫宋就的大夫被派往这个小县去做县令。

两国交界的地方住着两国的村民。村民们都喜欢种瓜。这一年春天,两国的边民又都种下了瓜种。不巧这年春天,天气比较干旱,由于缺水,瓜苗长得很慢。魏国的一些村民担心这样旱下去会影响收成,就组织一些人,每天晚上到地里挑水浇瓜。

连续浇了几天,魏国村民的瓜地里,瓜苗长势明显好起来,比楚国村民种的瓜苗要高不少。

楚国的村民一看到魏国村民种的瓜长得又快又好,非常嫉妒,有些人晚间便偷偷潜到魏国村民的瓜地里去踩瓜秧。

宋县令忙请魏国村民们消消气,让他们都坐下,然后对他们说:"我看,你们最好不要去踩他们的瓜地。"

村民们气愤至极,哪里听得进去,纷纷嚷道:"难道我们怕他们不成,为什么让他们如此欺负我们?"

宋县令摇头,耐心地说:"如果你们一定要去报复,最多解解心头之恨,可是以后呢?他们也不会善罢甘休,如此下

管好自己我可以

去，双方互相破坏，谁都不会得到的一个瓜的收获。"

村民们皱紧眉头问："那我们该怎么办呢？"

宋县令说："你们每天晚上去帮他们浇地，结果怎样，你们自己就会看到。"

村民们只好按宋县令的意思去做，楚国的村民发现魏国村民不但不记恨，反倒天天帮他们浇瓜，惭愧得无地自容。

这件事后来被楚国边境的县令知道了，便将此事上报楚王。楚王原本对魏国虎视眈眈，听了此事，深受触动，甚觉不安，于是，主动与魏国和好，并送去很多礼物，对魏国有如此好的官员和国民表示赞赏。魏王见宋就为两国的友好往来立了功，也下令重重地赏赐宋就和他的百姓。

这就是个典型的以德报怨的故事。从这个故事中，青少年朋友们，你也要有所启发，诚然，人都是情感的动物，自然难免会受到来自他人和外在世界的伤害，但如果我们把仇恨的种子放在心中，那么，你的人际关系就会紧张，也会失去合作者。而如果你能以微笑面对，原谅他人，你会发现，你不仅获得了快乐，还收获了友谊。

哈佛启示

人生在世，既然存在人际交往，就会产生摩擦、误解甚至仇恨，而如果我们始终扛着自己给自己编织的"仇恨袋"，心中装着"仇恨袋"，生活只会是如负重登山、举步维艰了，最后，只会堵死自己的路。

第12章 青少年学习合作，借助团队的力量成就自我

幽默效应：会幽默让你成为受人欢迎的少年

幽默的语言可以消除内心的紧张，化解生活的压力，它还可以有效地降低人们之间的摩擦，缓和矛盾和冲突，会幽默就等于掌握了人际交往的王牌。

青少年朋友，在你身边，什么样的人最受欢迎？你一定会回答：有幽默感的人。因为有了幽默感，他们更善于与其他人沟通，即便表达反对意见也不让人反感；因为有了幽默感，他们总会成为聚会的主角，人人都愿意和他们聊上几句……这就是著名的幽默效应。美国幽默术专家特诺·赫伯说过："把幽默当作礼物送给别人，会增强你的吸引力。"社交场合离不开幽默的谈吐。运用幽默语言活跃气氛，能激起听众的愉悦感，使人轻松、愉快、爽心、抒情，幽默可活跃气氛，沟通双方感情。

在哈佛大学，流传着这样一个幽默故事：

美国第16届总统林肯的长相让人无法恭维，他自己对此也不避讳。他的政治对手道格拉斯在与他辩论时严厉指责他是个"两面派"。

林肯答道："现在，请各位电视观众评评看，我如果还有另一副面孔的话，我会戴着现在的这副面孔吗？"结果引起观众大笑。

这里，面对他人的挑衅，林肯并没有直接道出道格拉斯的指责是荒谬的，而是先调侃了一下自己，在观众大笑的同时，

自然也反击了道格拉斯。可见，幽默能融洽人际关系，生动地表达情感和态度，从而达到驳斥、批评他人的目的。

除此之外，幽默的语言更是通向对方心灵的桥梁，它能让你风趣诙谐地表达自己的某种心意，并以最快的速度直抵他人的心灵。

有一天，法国画家奥拉斯·韦尔纳正在勒芒湖边作画，一个女青年向他走了过来，并对画家的作品提出了一些修改意见。

第二天，在一艘回巴黎的船上，他又碰到了这位女青年。这位女青年对他说："先生，一看你就是个法国人，听说大画家奥拉斯·韦尔纳也在这艘船上，你能介绍他给我认识吗？"

"小姐，你真的很想见他吗？"

"是的，先生，我非常想见他，要知道，他可是我心中的神话。"

"哦，亲爱的小姐，不必那么麻烦了，因为昨天上午你已经认识他了，并且你还给他当了一回绘画老师呢！"

这里，奥拉斯·韦尔纳刚开始结识这位女青年的时候，并没有道明自己的身份。很明显，当他开完玩笑后，女青年便了解，自己身边的先生便是自己"心中的神话"，并且"这个神话"并没有端着高高的架子，而是如此的幽默、风趣、平易近人，于是，两个绘画爱好者的深层次交流便开始了。

青少年朋友们，如果你想成为一个受人欢迎的人，那么，你不妨也学会运用幽默的力量吧。

哈佛告诉学生，幽默体现的是一种健康、乐观的心态。为此，每个哈佛人都希望自己拥有幽默能力。

一个懂得幽默的人，他平时的心情往往比严肃的人要轻松得多，因为笑声把那些不顺心的事都冲淡了，能够经常保持轻松的心情，他的工作压力自然就小得多。

一个叫李君的青年结婚时，很多领导前来祝贺，他自觉是受宠若惊。当新娘子被众星捧月一般接进洞房时，贴在吊灯上的大红喜字被震落下来。这在结婚时可是大忌讳，代表着不吉利。洞房内顿时一片寂静。正在这个难堪的关头，新郎急中生智，突然喊道："喜从天降，太好了，太好了！这老天爷看我娶新娘也来道喜，凑热闹来了！我李君何德何能，竟敢劳驾老天爷您老人家来祝贺呀！"一场尴尬就这样在人们的赞叹声和掌声中化解了，洞房又恢复了喜庆的气氛。而领导也高兴得直点头，在日后的工作中，大事小事都问李君的意见。

案例中的新郎就是个机智的人，一句自嘲的话，化解了婚礼上的尴尬，不得不让人佩服。而此处，我们也看出，就是先学会放开心境，拿自己开开涮，博人一粲，让人真心受到吸引，而不是费尽力气自我吹嘘，自我标榜。开自己玩笑，是从平凡的、趣味的、不甚完美的角度来观看自己，让别人有喘一口气的机会，也让自己从遥不可及的宝座上滚落红尘，与众生同声一笑。

可见，人际交往中，在人前蒙羞，处境尴尬时，用自嘲来对付窘境，不仅能很容易找到台阶，而且多会产生幽默的效果。所以自我解嘲，自己把自己胳肢几下，自己先笑起来，是很高明的一种脱身手段。

美国哲学家帕克说："幽默的目的是审美的沉思。"也就是说，幽默是以表面上的滑稽和形式上的玩笑，起到实质上的庄重和内容上的严肃之效果。因此，真正的幽默要有意味深长的内涵，它不是简单的插科打诨，不是无聊的玩弄噱头，不是庸俗的油腔滑调，也不是刻薄的冷嘲热讽。作为批评手段之一的幽默批评，更应是智慧的结晶，是启迪的艺术，是热情的开导，是真诚的帮助。而很明显，先调侃自己，再幽默批评，则显得我们的批评动机更纯正，批评语言更温婉，也就更能起到指正的作用。

当然，幽默的第一步，就是先学会放开心境，敢于开自己的玩笑，这就要我们学会从生活的点滴中发现那些关于自己的一些可笑的话题。

哈佛启示

适当的、高品位的幽默，可以活跃气氛、振奋精神、缓解压力。因此，你不妨试一下幽默的力量，常与朋友或者同学用幽默的言语调侃一下，让开心的笑声驱散身心的疲惫，放松一下内心世界，感受一种难得的惬意和怡然。

参考文献

[1]吴牧天.自觉可以练出来[M].南宁：接力出版社，2020.

[2]吴牧天.管好自己就能飞[M].南宁：接力出版社，2013.

[3]李锦清.自制力：不做性格的奴隶[M].北京：中国华侨出版社，2013.

[4]高原.自制力[M].南京：江苏文艺出版社，2013.